掌尚文化

Culture is Future

尚文化·掌天下

Development report of
Jingwu
characteristic town

鞠立新　著

# 精武特色小镇
## 发展报告

经济管理出版社
ECONOMY & MANAGEMENT PUBLISHING HOUSE

图书在版编目（CIP）数据

精武特色小镇发展报告／鞠立新著. —北京：经济管理出版社，2021.3

ISBN 978-7-5096-7879-4

I. ①精… Ⅱ. ①鞠… Ⅲ. ①小城镇—城市建设—研究报告—中国 Ⅳ. ①F299.21

中国版本图书馆 CIP 数据核字（2021）第 055080 号

组稿编辑：宋　娜
责任编辑：张　昕　杨　娜
责任印制：黄章平
责任校对：董杉珊

出版发行：经济管理出版社
　　　　　（北京市海淀区北蜂窝 8 号中雅大厦 A 座 11 层　100038）
网　　　址：www. E-mp. com. cn
电　　　话：（010）51915602
印　　　刷：唐山昊达印刷有限公司
经　　　销：新华书店
开　　　本：720mm×1000mm /16
印　　　张：9.5
字　　　数：114 千字
版　　　次：2021 年 6 月第 1 版　　2021 年 6 月第 1 次印刷
书　　　号：ISBN 978-7-5096-7879-4
定　　　价：198.00 元

彩图1　杭州湾花田小镇
彩图2　大唐袜艺小镇

15 彩图15　精武镇中心幼儿园

# 序　言

住房和城乡建设部、国家发展改革委、财政部三部委联合下发的《关于开展特色小镇培育工作的通知》要求培育各具特色、富有活力的休闲旅游、商贸物流、现代制造、教育科技、传统文化、美丽宜居等特色小镇，住房和城乡建设部公布了《第一批 127 个中国特色小镇名单》之后，各地积极开展培育特色小镇的探索尝试，各项地方规划密集出炉，在全国范围内掀起了建设特色小镇的热潮。在特色小镇建设实践的过程中，较短的时间内已取得一定成效，涌现了如浙江杭州的云栖小镇和贵州安顺西秀区旧州镇等优秀案例。但在其推广建设的过程中，也不乏问题与挑战，主要表现在几个方面：建设形态千镇一面，缺乏特色；功能空间拼凑分离，融合度不高；产业模式不合理，后续动力不足；文化挖掘度不够，缺乏内涵。在此背景下，以天津精武镇为案例，研究特色小镇的发展之道，这对我国当前的特色小镇建设具有重要的借鉴意义。

本书是国内为数不多的研究特色小镇案例的专著，具有很强的实用价值，特别是以下五个方面的工作。第一，本书系统地梳理了国内特色小镇的发展情况，对初学者了解特色小镇发展趋势并把握未来发展方向大有裨益。第二，本书对特色小镇的内涵、类别和特点进行了全面阐述。第三，本书对中国特色小镇的现状做了一些梳理，指出了问题也指明了方向。第四，本书更多的是以天津精武镇为案例，剖析精武镇特色小镇发展的现实基础、发展局面和发展的桎梏与障碍。与此同时，也指出精武镇发展特色小镇的意义重大，而其发展经验也值得借鉴，对我国特色小镇发展有重要的促进作用。第五，从精武镇特色小镇发展的方向着手，对其发展提出了一些建议和措施。

尽管本书做了较为全面的研究，但如何解决制约国内特色小镇发展的问题仍值得持续研究。首先，中国特色小镇当前仍处于较为粗放的发展阶段，很多特色小镇匆匆"上马"，又匆匆"下马"，面临同质化严重等各种问题。目前国内正在推动经济向高质量发展，原有发展模式的弱点逐渐暴露，行业发展需要及时转型。其次，中国特色小镇发展需要做好统筹规划，并完善政策法律体系。国家需要通过政策法律体系助力特色小镇发展。最后，我国目前已经有行业发展顶层设计，还需要更为明确的中长期战略规划。展望我国特色小镇发展，机遇和挑战并存。随着党和国家的进一步重视，中国特色小镇建设也会越来越规范，其发展也即将进入一个新的阶段。本书博采众长，汇聚各方精华，我们希望相关行业人士能从这本书中获益。同时希望本书能够促进业内的深度交流，共同促进特色小镇健康发展。

**郑保卫教授**

# 前　言

近年来，从中央到地方，各级政府都在大力推动特色小镇建设，出台了各项政策为特色小镇建设保驾护航，奠定了全国发展特色小镇的主基调。我国城镇化综合水平突飞猛进，国家"十三五"规划明确提出发展特色区县经济，加快培育中小城市和特色城镇等项目规划，以此推动城市化的快速发展。各地区利用自身特色与资源优势，加快打造特色小镇，积极建设旅游业及周边产业的发展环境。

精武镇，著名爱国武术家霍元甲的故乡、世界精武文化中心、国家自主创新示范区，紧邻天津市中心城区，地处西青大学城腹地和京津冀协同发展轴带。近年来，精武镇不断贯彻党中央、国务院关于推进特色小镇、小城镇建设的精神，落实《国民经济和社会发展第十三个五年规划纲要》关于加快发展特色镇的要求，立足实际，不断发挥产业优势，积极向特色小镇方向建设和发展。天津精武镇凭借京津冀一体化的战略机遇，成为京津间北京市场外迁的承接地。基于国家及市区级产业政策，天津精武镇基于自身优势资源加快特色小镇建设、提高新兴产业发展速度，大大推动了精武镇城市化、现代化、生态化的创新型发展。

精武镇以定位精准、特色鲜明的产业方向，打造战略性新兴产业、传统文化产业及现代农业等多种业态，发展良好、前景可观。精武镇本着产业要做特、做精、做强的方向发展，加快发展新兴产业，升级改造传统产业，充分利用"互联网+"等新兴手段，推动产业链向研发、营销延伸。目前，产业发展环境良好，产业、投资、人才、服务等要素集聚度较高。此外，通过产业发展，精武镇大大吸纳了周边农村剩余劳动力，有效地带动了农村经济发展。

精武镇在发展特色小镇的热潮中紧抓机遇，立足自身特色资源，在产业形态、发展环境、文化资源、设施服务及体制机制等方面都有了重要的发展，并通过有规划、有策略、有针对性地开发建设，使特色小镇建设卓有成效。但是，因为地区差异，各个城镇的资源和发展实际有所不同，建设特色小镇需要开发者关注的环节、需要协调的资源非常多，在实际工作中面临的困难和问题更没有可以完全复制的经验和路径，只能依靠自身去实践和探索。因此，为了推进精武特色小镇全面发展，需要加强政府的指导和调控，充分发挥市场资源配置的基础性作用，建立和完善促进开放合作的体制机制，通过自身努力与各级政府相结合，在现有基本格局之上，以体制机制创新为突破口，建立和完善综合配套政策体系和组织架构，统筹协调，先行先试，着力从政策引领、挖掘资源、基础设施、人才引进等方面，汇聚创新要素、打通创新渠道、营造创新环境、完善创新支持，形成多元化、多层次的服务保障和政策措施新局面，提升小镇影响力与整体竞争力。

丁俊杰教授

# 目　录

# 1

## 第一章

# 绪论

自 2015 年浙江省首次提出特色小镇以后，同年 9 月国家领导人就浙江特色小镇建设做重要批示，指出特色小镇建设是供给侧结构性改革的重大创新，新型城镇化的创新发展模式，大众创业、万众创新的有效尝试，新常态经济升级转型的重大抓手，大有可为，各地应因地制宜借鉴。随后，住房和城乡建设部出台了一系列发展鼓励政策，全国特色小镇如火如荼地开展起来，2016 年 7 月由住房和城乡建设部、国家发展改革委、财政部三部委联合发布《关于开展特色小镇培育工作的通知》后，国家各部委又陆续发布了多个推动特色小镇建设的政策文件，同时各省份也纷纷出台文件，从政策上、资金上对特色小镇建设加大支持力度，特色小镇持续火热。目前全国共有 20 个省份提出特色小镇创建计划，总计划数量已超过 1500 个，住房和城乡建设部认可的已有 400 余家，保守估计全国特色小镇将超过 2000 家。

精武镇凭借京津冀一体化的战略机遇，城镇化综合水平突飞猛进，成为京津间北京市场外迁的承接地。基于国家及市区级产业政策，天津精武镇基于自身优势资源加快特色小镇建设，积极打造旅游业及周边产业的发展环境，提高新兴产业发展速度，大大推动了精武镇城市化、现代化、生态化的创新型发展。

# 第一节　特色小镇的概念及类型

## 一、特色小镇的概念

浙江省在全国最早开展特色小镇的建设，浙江省政府工作报告这样定义"特色小镇"："按照企业主体、资源整合、项目组合、产业融合原则，在全省建设一批聚焦七大产业，兼顾丝绸、黄酒等历史经典产业、具有独特文化内涵和旅游功能的特色小镇，以新理念、新机制、新载体推进产业集聚、产业创新和产业升级。""特色小镇"是"具有明确产业定位、文化内涵、旅游和一定社区功能的发展空间平台"。

特色小镇要求其规划空间要集中连片，规划面积控制在 3~5 平方千米（不大于 10 平方千米），建设面积控制在 1 平方千米左右，建设面积不能超出规划面积的 50%，居住人口控制在 3~5 万人。这是特色小镇的共性，很多特色小镇，尤其是旅游聚焦型、旅游+产业型的特色小镇，因其地形地势的结构或发展旅游特色的需要，面积往往不止 10 平方千米。

## 二、特色小镇的类型

从目前住房和城乡建设部公布的两批特色小镇名单来看，我国特色小镇基于资源和产业两种优势进行开发建设，具体来说，特色小镇可以分为以下十种类型。

### 1. 生态旅游型

生态旅游型特色小镇具有生态环境良好，宜居宜游的特征，往往具有良好的生态养生度假条件，依托生态旅游优势地位，发展绿色、低碳、可持续的生态产业，小镇主要功能定位为生态观光、健康养生、休闲度假等。这类小镇的典型代表有仙居神仙氧吧小镇、杭州湾花田小镇、宁海森林温泉小镇等。

### 2. 特色产业型

特色产业型小镇依托制造业、加工业、高新技术产业为核心，往往具有唯一性和产业不可替代性，这类小镇的规模往往不是特别大，具有小而特的特征。特色产业型小镇代表有大唐袜艺小镇、吴兴美妆小镇、嘉善巧克力甜蜜小镇、平阳宠物小镇等。

### 3. 资源禀赋型

资源禀赋型特色小镇具备资源优势突出，核心吸引力强的特征，基于特色资源可进行深入挖掘，具备广阔的发展前景。这类型特色小镇的典型代表有安庆市岳西县温泉镇、宜春市明月山温泉风景名胜区温汤镇、磐安江南药镇、西湖龙坞茶小镇等。

### 4. 新型产业型

新型产业型特色小镇一般处于经济发展程度较高的区域，人才、资金资源丰富，新型产业型小镇主要以科技智能等新兴产业为主，尤其以科技和互联网产业为主。这类型特色小镇的代表主要有余杭梦想小镇、西湖云栖小镇、临安云制造小镇、乌镇互联网小镇等。

### 5. 高端制造型

高端制造型小镇区别于传统制造业，以高精尖的现代制造业为主，注重智能化开发，在高端制造人才引进、产业链聚集等方面有特色魅力。这类小镇的典型代表有萧山机器人小镇、宁海智能汽车小镇、新昌智能装备小镇等。

### 6. 历史文化型

历史文化型小镇具有历史脉络清晰可循，规划建设中延续了历史文脉，注重当地历史和传统，小镇文化内涵突出的特征，这类小镇的典型代表有北京市密云区古北口镇、吕梁市汾阳市杏花村镇、无锡市宜兴市丁蜀镇、遵义市仁怀市茅台镇、金华市东阳市横店镇等。

### 7. 城郊休闲型

城郊休闲型特色小镇距离城市较近，位于都市旅游圈内或者 1 小时经济圈内，其规划建设主要根据城市群体进行针对性开发，主要满足城市人休闲度假、慢生活体验等需求。这类型小镇的典型代表有北京市房山区长沟镇、北京市昌平区小汤山温泉小镇、丽水长寿小镇等。

### 8. 交通区域型

这类小镇交通便捷性是其最大特征，一般属于区域重要的交通枢纽或者中转地区。小镇建设能依托交通优势，联动周边城市资源，成为该区域的网络节点，实现资源合理有效的利用。典型代表有北京新机场服务小镇、九龙山航空运动小镇、安吉航空小镇等。

### 9. 金融创新型

金融创新型小镇一般地处经济发达地区的核心区域，区位优势、人才优势、资源优势、创新优势、政策优势得天独厚，具备一定的财富积累，投融资空间巨大。典型代表有上城玉皇山南基金小镇、房山基金小镇、梅山海洋金融小镇等。

### 10. 时尚创意型

时尚创意型特色小镇以时尚产业为主导，与国际接轨，规划建设具有文化内涵的时尚平台，促进国内与国际的互动交流。典型代表有余杭艺尚小镇、西湖艺创小镇、宋庄艺术小镇等。

# 第二节 精武镇发展特色小镇的背景

## 一、系列政策鼓励特色小镇开发

### 1. 国家重视特色小镇建设，出台多项政策鼓励发展

近年来，从中央到地方，各级政府都在大力推动特色小镇建设，出台各项政策为特色小镇建设保驾护航。2015 年 4 月，浙江省政府发布的《关于加快特色小镇规划建设的指导意见》首次对"特色小镇"的概念做了界定，即"特色小镇是相对独立于市区，具有明确产业定位、文化内涵、旅游和一定社区功能的发展空间平台，区别于行政区划单元和产业园区"。随后，国家发展改革委、住房和城乡建设部、多个银行及各地政府陆续出台了多项支持特色小镇发展的金融政策和文件，奠定了全国发展特色小镇的主基调（见表 1-1）。

表 1-1 特色小镇主要政策汇总

| 时间 | 部委 | 政策名称 | 主要内容 |
|---|---|---|---|
| 2016 年 7 月 | 住房和城乡建设部、国家发展改革委、财政部 | 《关于开展特色小镇培育工作的通知》 | 到 2020 年，培育 1000 个左右各具特色、富有活力的休闲旅游、商贸物流、现代制造、教育科技、传统文化、美丽宜居等特色小镇，引领带动全国小城镇建设，不断提高建设水平和发展质量 |
| 2016 年 8 月 | 住房和城乡建设部 | 《关于做好 2016 年特色小镇推荐工作的通知》 | 根据各省（区、市）经济规模、建制镇数量、近年来小城镇建设工作及省级支持政策情况，确定 2016 年各省份推荐数量 |

续表

| 时间 | 部委 | 政策名称 | 主要内容 |
|---|---|---|---|
| 2016 年 10 月 | 国家发展改革委 | 《关于加快美丽特色小（城）镇建设的指导意见》 | 特色小（城）镇包括特色小镇、小城镇两种形态 |
| 2016 年 10 月 | 住房和城乡建设部、中国农业发展银行 | 《关于推进政策性金融支持小城镇建设的通知》 | 进一步明确中国农业发展银行对于特色小镇的融资支持办法。提出：建立贷款项目库，申请政策性金融支持的小城镇时，编制小城镇近期建设规划和建设项目实施方案且经政府批准后，可向银行提出建设项目和资金需求 |
| 2016 年 12 月 | 住房和城乡建设部 | 《关于公布第一批中国特色小镇名单的通知》 | 认定北京市房山区长沟镇等 127 个镇为第一批中国特色小镇 |
| 2016 年 12 月 | 国家发展改革委 | 《关于实施"千企千镇工程"推进美丽特色小（城）镇建设的通知》 | 引导社会资本参与特色小镇建设，促进镇企融合发展 |
| 2017 年 4 月 | 住房和城乡建设部 | 《中国建设银行关于推进商业金融支持特色小镇建设的通知》 | 至少 1000 亿元左右意向融资额度 |
| 2017 年 5 月 | 住房和城乡建设部 | 《关于做好第二批全国特色小镇推荐工作的通知》 | 各省份于 2017 年 6 月 30 日之前将推荐名单汇报 |

## 2. 天津市提出《特色小镇规划建设指导意见》及配套政策鼓励特色小镇建设

近年来天津市在示范小城镇基础上开展特色小镇建设，2016 年 10 月，天津市发展和改革委员会印发《天津市特色小镇规划建设指导意见》（以下称《意见》），《意见》指出，在示范小城镇建设基础上，加快建设一批实力小镇、特色小镇、花园小镇，是市委、市人民政府结合供给侧结构性改革，贯彻新的发展理念，从推动城乡统筹发展大局出发，实施的一项重要举措，有利于全面提升全市小城镇生产生活生态功能，增强小城镇核心竞争力和人口吸附能力，使天津市小城镇更具实力、更具活力、更具特色，造福于民。同时，《意见》明确了特色小镇建设的产业定位、发展重点及运作方式。

为做好相关工作，制定天津市特色小镇建设的目标要求：力争到 2020 年，创建 10 个实力小镇，20 个市级特色小镇，上述 30 个小镇达到花园小镇建设标准，每个区因地制宜自主创建 2 到 3 个区级特色小镇。实力小镇以整建制街镇辖域范围进行考核，GDP 要超 200 亿元、全口径财政收入要超 40 亿元；特色小镇可以考虑以特色街区为考核单位，一个特色小镇可以有几个特色街区，规划面积一般控制在 3 平方千米左右，建设面积一般控制在 1 平方千米左右，固定资产投资完成50 亿元以上（商品住宅和商业综合体除外），信息经济、金融、旅游和历史传统产业的特色小镇总投资额可放宽到不低于 30 亿元，特色产业投资占比不低于 70%，旅游特色小镇应参照结合国家 A 级旅游景区和全域旅游示范区标准有关内容进行建设；花园小镇要实行城镇全面精细化网格化管理，有条件的街镇要建立智慧共享平台，成为智慧小镇，以风景美、街区美、功能美、生态美、生活美、风尚美为建设内容，居住社区城市绿化覆盖率要达到 40% 以上，生活垃圾无害化处理率和污水处理率要达到 100%，主要道路绿化普及率要达到 100%。

为响应国家发展新型城镇化，建设特色小镇的发展战略，天津市围绕"到 2020 年创建 10 个实力小镇、20 个特色小镇，上述 30 个都要达到花园小镇"的发展目标，结合《意见》出台了系列特色小镇建设配套政策，为各镇积极开发特色资源，建设特色小镇提供了有利的政策支撑，大大促进了各地区在现代产业、民俗文化、生态旅游、商业贸易、自主创新等多领域实现创新发展。

土地政策方面，特色小镇规划建设要按照节约集约用地的原则，充分利用存量建设用地，确需新增建设用地的，由各区带项目申请办理农用地转用土地征收手续。凡属特色产业聚集程度高、辐射带动作用强，具有高端高质的行业龙头企业集群的项目，经认定，给予安排土地利用计划指标，对如期完成年度规划目标任务的，市里给予一定土地利用年度计划指标奖励。人才政策方面，对支持特色小镇建设的、以成建制形式整体迁入天津市的企业、研发机构，在办理首批人员调津过程中，凭相关资料，在保证调津人员中有50%以上符合天津市引才条件的前提下，对其余虽不具备天津市引才要求的学历、职称条件，但原已在该单位工作，且迁入天津市后单位仍然急需的管理、专业技术及技能型人才，可同时予以调入，配偶及18周岁以下子女可办理随迁手续。财政政策方面，从2016年起，"十三五"规划期间陆续对每个实力小镇的基础设施建设项目给予总额不超过2000万元的财政补助资金扶持，对每个特色小镇的基础设施建设项目给予总额不超过1000万元的财政补助资金扶持，其中市、区两级财政各承担50%；对验收达标的特色小镇，市级财政给予500万元的一次性奖励资金，专项用于特色小镇发展建设。《天津市市级特色小镇专项补助资金管理办法》明确了申报要求、申报程序和监督管理等方面内容。其他政策方面，列入市级特色小镇创建范围的基础设施建设项目，均可享受"两行一基金"贷款融资政策，列为天津市发展改革委申请国家专项建设基金范围。积极鼓励市级有关部门和各区人民政府要积极研究制订具体政策措施，整合优化政策资源，给予特色小镇规划建设强有力的政策支持。大项目、小巨人、楼宇经济、众创空间、万企转型升级项目在特色小镇生根开花的，为实力小镇、特色小镇、花园小镇发挥重大作用的，各部门可优先考虑给予重点扶持奖励政策；天津市乡村公路、四清一绿政策安排向特色小镇集中倾斜。

## 二、产业融合创新激发特色小镇建设

从国家层面来说，国家三部委下发《关于开展特色小镇培育工作的通知》提到，到 2020 年，培育 1000 个左右各具特色、富有活力的休闲旅游、商贸物流、现代制造、教育科技、传统文化、美丽宜居等特色小镇。在产业形态方面，明确提出，产业定位精准，特色鲜明，战略新兴产业、传统产业、现代农业等发展良好、前景可观。产业向做特、做精、做强发展，新兴产业成长快，传统产业改造升级效果明显，充分利用"互联网+"等新兴手段，推动产业链向研发、营销延伸。

上述国家培育目标里明确提到了以下五类主题：

旅游：类型最多的主题，中华五千年历史，可以挖掘的自然和人文景观资源很多，尤其是中西部，被多数人认为是最可行的走特色小镇发展之路。

贸物：商贸物流，随着乡村消费需求的逐步激发和电商在乡村的不断深入，中西部地区以消费型商贸和物流有机结合的专业镇将可能获得与生产型商贸物流专业镇相类似的发展。

教育：不管是发达地区还是欠发达地区，教育是最基本的需求之一，无论是作为公共服务存在的教育事业，还是作为商业化形式发展的教育产业，都可能成为乡镇发展的重要主题。

制造：重点在智造，传统产业的升级和战略性新兴产业的培育，都离不开现代先进制造。东部地区以生产服务业和高技术制造业为主体的特色小镇将有所作为，比如研发设计、品牌营销、金融服务、智能制造、物联网、AR、VR 等都将逐步落地。

科技：大数据、云计算、智慧城市、移动互联网等将继续高度集聚在沿海发达城市及中西部少数有相关领域技术能力的高校、研究院所在的城市。

在当前经济发展的大背景下，以上几类产业已经成为经济转型升级的必然趋势。从国内众多特色小镇的实践经验来看，特色小镇发展的核心产业也多集中于以上五类，且多为融合创新的产业格局，说明特色小镇建设也顺应了当前的产业发展趋势，是促进产业发展的重要载体。从这个意义上来说，产业的融合创新激发了特色小镇的发展。

## 三、城镇化升级亟待特色小镇发展

城镇化 1.0 是我国城市发展的初始阶段，资源、要素、产业都向城镇集聚。随之而来的是，城市数量增多，人民生活水平大幅提高，同时污染、交通拥堵等大城市病接踵而至，于是城镇化进入 2.0 时期。

城市病对生活质量的提高起到抵消作用，这也意味着城镇化路径必须改变。我国城镇化发展路径也正在向城市资源产业要素向外扩散转变。"城镇化将从过去一味向城市集中，转向将城镇集中的功能向周边扩散，向小城镇、小城市扩散，这也成为城镇化 3.0 的重要表现。"具体来看，城镇化不仅仅是通过农民上楼、入城来实现，还可以乡村振兴战略、特色小镇建设为主要抓手来推进。其中，乡村振兴将对我国未来一段时间内"三农"问题影响深远，既是农村产业的振兴，又是农业的振兴。特色小镇，则在我国新型城镇化的总思想引导下，成为城乡融合发展，城乡统筹发展的重要基石，在城镇化 3.0 中承接功能转移的重要载体。

对此，党的十九大报告提出要以城市群为主体、构建大中小城市和小城镇协调发展的城镇格局。我国的城镇化需要形成大中小城市和小城镇协调发展的关系，而要形成这样一种关系，小城镇和特色小镇的发展毫无疑问将会扮演极其重要的角色。

现阶段多省份启动特色小镇培育创建工作。天津市作为国家发展改革委牵头培育的重点对象，聚力资源搞好特色小镇建设，在推进京津冀一体化战略中有着重要作用，而处于京津冀协同发展轴带的天津精武镇，紧抓时代机遇建设特色小镇也成为题中之义。

## 第三节　精武镇发展特色小镇的意义

国家和地方高度重视特色小镇建设，因为其发展符合时代的潮流，符合社会发展的态势，是全面建设小康社会的路径与方法，是经济社会人文可持续发展的保障，有利于加快我国新型城镇化的发展进程，促进传统粗放型经济向现代资源节约型、环境友好型现代服务经济转变。精武镇通过特色小镇建设，可以进一步提高城镇化水平，促进产业结构升级，加强其生态环境建设，培育文化旅游等新业态，进而促进精武镇社会经济健康发展。

### 一、推动新型城镇化的发展

特色小镇的建设可以带动一大批村镇的经济发展和设施建设，提高农村居民的生活水平和质量，并为许多农民提供就业岗位，增加他们的收入，从而有利于缩小城乡差距，促进社会公平。精武镇打造特色小镇能兼顾基础文教服务和公共文化服务的升级，缩小城乡教育、文化等基础服务的差距，实现精武镇服务的升级。增强精武镇居民群众的幸福感，提升城市美誉度。在一定程度上又能缩小精武镇区域间发展的不平衡，实现精武镇经济人文基础设施建设的双发展，并能为城镇辖区居民提供有效的服务和发展空间。

同时，特色小镇建设对于带动精武镇农村和农业发展具有重要意义，比如小镇农旅项目的发展，既能促进镇域基础设施和村民生活条件的改善，又能促进农业产业化、现代化发展，在一定程度上有利于精武镇特色农业的开发和带动人才返乡，发展现代农业，实现农村农业的带动发展。发展特色农业和旅游有利于带动当地经济的发展和服务消费的升级。

## 二、促进产业转型和升级，提高产业发展水平

特色小镇建设有利于增强区域有效供给能力。在经济新常态下，供求格局发生逆转，区域供给能力成为影响区域经济增长的决定性因素。精武特色小镇可以作为创新导向的产业组织形式，一方面通过集聚资本、技术、人才等各类高端要素，支撑新产品、新模式、新业态的创新，形成以创新导向的新兴产业或具有人文底蕴的经典产业集群，在产业、文化、旅游和生产、生活、生态的高度融合中创新供给方，加快镇域产业转型升级；另一方面则是结合特色产业生态位的构筑，通过市场机制淘汰或迁移一部分难以适应环境变化的"旧"产业，为特色产业腾挪出新的发展空间，进一步增强镇域的内生发展动力，通过这"一增一减"的过程，实现精武镇有效供给能力的提升。

特色小镇建设有利于提升精武镇全要素生产率。特色小镇注重创新导向，注重人才、科技、资本、信息等高端要素集聚，注重挖掘历史人文等各类要素资源的潜力，进而助推精武镇经济增长动力结构的

转换。同时，特色小镇作为一种现代产业空间组织形式，还蕴含着制度创新、组织创新的成分，可以不断优化要素投入结构和投入方式，营造能够实现持续推动精武镇创新创业的发展环境，实现精武镇以特色化、专业化和创新驱动全面提升要素资源的配置效率和产品价值。

特色小镇建设有利于优化区域产业生态系统。特色小镇作为融创新链和产业链于一体的特色产业集群，有别于传统行政单元和产业园区，可以把最新的产业创新信息、新业态、新的商业模式甚至创新人才导入到精武镇产业生态圈，可以通过协同推进特色产业创新战略联盟和区域创新体系建设，不断完善精武镇市场主体的创新合作交流机制，促进区域内创新资源、信息和成果等互通共享，形成紧密精细的区域创新网络，成为区域产业生态系统的创新增长极。

## 三、推动文化、生态和旅游业的发展

特色小镇建设有利于保护优秀的历史文化、民俗文化、古代建筑遗迹等我们中华民族的宝贵财富，这些财富很多都位于农村地区，有的地方位置比较偏远、交通不便、经济落后，通过特色小镇的建设就可以加强对这些地区文物古迹的保护、修复、开发和宣传，弘扬优秀文化，传播优秀思想。精武镇是霍元甲的故乡，是爱国和尚武精神的重要载体，在很大程度上，精武镇特色小镇的建设有利于优秀历史文化遗产的保护和传承，更有利于加深城镇居民对于当地文化的了解与认同，实现文化的自知、自信、自觉。

特色小镇的建设也有利于推动旅游业的发展。通过建设类型多样、特色鲜明的特色小镇使游客在出游时有了更多的选择，满足游客多样化需求，也促使旅游产品开发者在设计开发旅游产品时转变思想，不断推陈出新。旅游发展需要很多技术设施和人力物力的投入，精武镇作为一个特色文化产业小镇，其特色人文旅游资源凸显，以人文旅游、游客设计开发布局，有利于整个精武镇的旅游业发展。

特色小镇对于推进生态环境保护也具有重要的意义。特色小镇强调生活、生产、生态融合，打造宜居宜业宜游的空间，良好的生态环境是特色小镇所必备的，这就要求特色小镇建设过程中必须重视对生态环境的保护，小镇规划要与地形地貌有机结合。精武镇特色小镇的建设，对于当地生态环境提升和改善意义重大。

# 第二章

# 精武镇发展特色小镇的
# 基础条件

精武镇，是著名爱国武术家霍元甲的故乡、世界精武文化中心、国家自主创新示范区，紧邻天津市中心城区，位于天津市西青区中部地区，距离市中心最近，总面积 69.3 平方千米（东与李七庄街相连，南与大寺镇接壤，北邻张窝镇，西靠独流减河），辖 18 个自然村、6 个居委会，常住人口 13 万余人。

精武镇地处西青大学城腹地和京津冀协同发展轴带，近年来精武镇凭借京津冀一体化的战略与机遇，不断贯彻党中央、国务院关于推进特色小镇、小城镇建设的精神，落实《国民经济和社会发展第十三个五年规划纲要》关于加快发展特色镇的要求，立足实际，不断发挥产业优势，积极向特色小镇方向建设和发展。精武镇根据国家特色小镇的五大培育要求建设：特色鲜明的产业形态、和谐宜居的美丽环境、彰显特色的传统文化、便捷完善的设施服务、充满活力的体制机制。本书开展了针对精武镇发展特色小镇的基础条件调研。

# 第一节　产业基础

按照天津市西青区委、区政府对精武镇"一主四辅"的产业发展定位，精武镇重点发展医疗健康、新材料、数据物联、电子商务和体育旅游五大产业。

## 一、医疗健康产业

精武镇与西青开发区合作，着力打造 2.3 平方千米的赛达大健康产业园，引入医药研发与制造、医疗器械、健康医疗服务等企业以及与大健康产业相关的生产研发机构。目前，精武镇正着手加快园区内地上物拆迁和土地平整工作。打造中关村生物医药园，该园由天津众智天成科技有限公司投资，占地 120 亩，建筑面积 40 万平方米，总投资额不低于 15 亿元。预计用 3~5 年引进优质企业 10 家以上，达产后每年每亩税收 100 万元以上。目前正在进行项目前期土地整理工作。

## 二、新材料产业

精武镇大力发展新材料产业。重点推进占地 208 亩，建筑面积 20 万平方米，总投资 27 亿元的正威（天津）新材料智慧生产基地项目，建设年产 20 万吨电容膜、高端食品药品包装膜和 28 亿条柔性复合扁线（FFC）生产线。项目达产后预计实现产值 100 亿元，利税 6 亿~7 亿元。积极打造正威非金属新材料交易中心，推进产业上下游资源整合、加速市场创新，打造集交易、融通、结算于一体的综合性电子商务服务平台，预计 5 年内交易规模将达到 1000 亿元。

依托正威集团、天津工业大学功能材料等项目建设，重点发展石墨烯、功能纤维、高性能膜等新材料技术的研发、规模化生产和应用，打造全市新材料产学研一体化特色发展示范基地。

（1）石墨烯。重点推进正威碳纤维产业园的建设，围绕石墨烯材料批量制备以及基于石墨烯的各类功能材料制备关键技术，开发材料规模化制备技术，促进关键工艺及核心装备同步发展，实现石墨烯材料稳定生产。

（2）功能纤维材料。依托天津工业大学在功能纤维与产业用纺织品方面的标志性研究成果，大力推进防中子辐射纤维、防 X 射线辐射纤维、储能高温纤维与材料、驻极体纤维与高效医用过滤材料、吸油纤维与吸油功能非织造材料、超吸水纤维与吸水功能非织造材料以及纤维界面处理技术等科研成果的产业化。积极推进耐腐蚀、耐高温、高强、高模、抗燃、传导等功能的新型纤维及复合材料的开发和市场化应用。

（3）高性能膜材料。以高性能水处理膜材料为重点，拓展特种分离膜材料、气体分离膜材料、离子交换膜材料及生物医用膜材料等领域，开发一批具有自主知识产权的膜材料。推进连续微滤（CMF）技术、膜生物反应器（MBR）技术、内压双向流（TWF）技术、浸没式膜过滤（SMF）技术的研发、规模化生产与应用。

（4）光电材料。加快 LED 外延芯片材料等关键技术突破；重点发展 2~6 英寸蓝宝石衬底、图形化蓝宝石衬底。重点扶持睿为蓝宝石材料项目，扩大蓝宝石晶体产能规模，深化研发，提高良率和稳定性；延伸产业链，向蓝宝石衬底片等下游深加工领域拓展；在实现稳产量产的基础上面向市场进行产品创新，增大晶体直径，开发大尺寸化、图形化蓝宝石衬底。

（5）高分子透明材料。以广源新材料生产基地为核心，重点发展高分子透明材料的研发、生产，推进新型透明 TS 板材的规模化生产，推进其在航空航天、飞行器、地面及水下装备等各类军用特种高科技领域及汽车、高铁、新能源等相关民用领域的应用。

## 三、数据物联产业

依托兆瑞物联网产业园，在加大数据物联企业招商引资力度的基础上，大力推进天津智慧物联研究院、国家信息安全培训学校等相关公共研发服务平台建设，加速相关产业聚集。

积极发展新一代信息技术。加快信息安全、物联网、机器人等领域的研发及产业化。依托国家信息安全产业基地，重点发展云计算与数据安全、金融安全、工业控制信息安全等领域，推进信息安全防护产品的研发、推广及应用。大力推进可穿戴设备、智能家居等物联网设备的研发及产业化。依托机器人产业研究院，建成研发、生产、销售于一体的机器人产业基地。到 2020 年，信息技术产业实现总收入400 亿元。

（1）信息安全产业。围绕在政府、电信、银行、能源、军队等重点行业领域的应用及在交通、教育、制造等重点市场领域引进产业化项目，重点发展云计算与数据安全、金融安全、工业控制信息安全等领域，促进军转民技术发展。重点推进高性能防火墙、高性能入侵防御系统（IPS）、高性能防病毒防治系统等信息安全防护产品的研发、推广及应用。

（2）物联网。重点推进传感器及节点设备、物联网终端设备，近距离无线通信节点设备、物联网网关、定位系统设备等物联网设备的研发及产业化。重点发展以可穿戴设备、智能家居、车联网、智能电网、智能照明为代表的潜力领域。

（3）大数据。依托宝信大数据专业数据平台，重点推进数据仓库、数据安全、数据分析、数据挖掘等关键技术的研发与应用。

（4）新兴信息服务。重点发展创新设计服务，推动复杂装备运维服务专业化构件与系统、3D 打印集成制造服务平台等系统开发及应用。大力发展电子商务服务业，重点发展电子商务区分拔、仓储、配送、商品贸易与展示平台、供应链与物流信息服务等核心功能。

## 四、电子商务产业

加快建设常青藤产业园，建筑面积 6 万平方米，以艺术品研究、创作和装饰艺术品生产、销售为主要业务，通过收购全国知名连锁装饰公司，打造常青藤艺术品网电商平台，提供一体化装修使用的艺术品。加快建设卓尔电商城，推进卓尔公司业务由批发零售向电子商务领域转型，合作打造 10 万平方米电商园，继续举办电子商务大赛，引进中清研国家电子商务实验室，搭建电子商务平台。发展卓尔购，迅速壮大电子商务产业，尽快实现百亿销售规模。

## 五、体育旅游产业

精武镇霍元甲是西青旅游的核心品牌之一，霍元甲作为民族英雄，其历史、文化、旅游开发价值不可估量，从目前旅游市场的繁荣程度与旅客数量的角度看优势明显。作为精武英雄霍元甲故乡的精武镇，精武精神不断被演绎和丰富，从资源到体育旅游产业，目前精武镇注重盘活一期建设项目，通过举办天津首届风筝节、梦想家大学生音乐节、新春庙会等文化活动，提高武林园知名度。在此基础上，逐步开展二期、三期建设，园区旅游产业业态也从展示和观赏型业态发展到体验互动型业态的不断完善，以最大限度地满足旅游市场与旅游产业发展的要求。

除围绕精武文化开展的体育旅游产业外，精武镇的旅游资源还有花田音乐生活节，精武镇与杭州市园林绿化股份有限公司、河北煜禾农业科技股份有限公司合作，围绕外环线绿化带内 2000 亩土地，量身打造精武花田音乐生活节独特品牌，让游客体验集花田文化、休闲娱乐、旅游度假为一体的时尚音乐生活方式。精武镇与北京文达天下文化传媒有限公司合作，利用小卞庄村 120 亩老村台、平房及土地资源，集聚非物质文化遗产，弘扬精武文化和工匠精神，打造集文化传承、生态观光、旅游度假于一体的"匠谷小镇"。富家湾爱情小镇，结合丰产河改造，依托富家湾流传的董永与七仙女的爱情故事，围绕爱情主题，建设浪漫风情街、甜蜜美食城、同心林、浪漫墙等，努力打造精武爱情文化高地。另外，打造永红老工业区创意创业生态圈，与京东方、正威国际集团合作，利用永红工业区闲置场地，发挥大学城的时尚、艺术特质和客源优势，打造创客空间、时尚部落、休闲创意店等，为产业集聚提供载体平台。

除以上五大产业外，精武镇还依托自身资源，大力发展现代服务业和现代都市农业。现代服务业通过发展商贸物流业，打造跨境电商物流基地，推动电子商务应用，加快信息技术与传统商贸服务业深度融合，同时加快通信网络及基础设施建设，完善电子商务相关配套支撑体系。现代都市农业，坚持以第二产业、第三产业扶农、促农，走发展非农产业扶助农业的路子。推动农业"接二连三"，创新运营模式。加强物联网、大数据等新一代信息技术在农业生产全过程的应用，大大促进农业与旅游业的创新融合发展。目前现代都市农业已初具规模,"三区九园一中心"的农业基础建设布局基本完成。占地 1000 亩、总投资 3.5 亿元的光伏农业科技产业园投入使用,成为三次产业融合发展的新亮点。

精武镇以定位精准、特色鲜明的产业方向,打造战略性新兴产业、传统文化产业及现代农业等多种业态,发展良好、前景可观。精武镇本着产业要做特、做精、做强的方向发展,加快发展新兴产业,升级改造传统产业,充分利用"互联网+"等新兴手段,推动产业链向研发、营销延伸。目前产业发展环境良好,产业、投资、人才、服务等要素集聚度较高。此外,通过产业发展,精武镇大大吸纳了周边农村剩余劳动力就业,有效带动了农村经济发展。

## 第二节　环境基础

### 一、地理环境

精武镇属温暖带半干旱大陆型季风气候,四季分明,全年平均气温 11.6℃,全年无霜期平均 192 天,气象条件适合小麦、玉米、水稻、蔬菜等多种农作物和果树的生长。镇内土地地势低平,河网密布,河流纵横交错,有一级河道 1 条,二级河道 5 条,水利资源非常丰富。

精武镇全镇拥有排灌泵站点 40 个,做到旱能浇、涝能排。在节水工程建设上,到目前为止,全镇已投入资金 1165 万元,修建防渗渠 112.5 千米,控制农田面积 2 万亩,在全区率先实现了农田节水灌溉。

### 二、生活环境

精武镇修建并升级改造了津涞路、津文路、荣华道、干校路等主要交通要道，完成了公路村村通工程，形成了四通八达的交通路网。启动了镇区自来水改造、110千伏安变电站、陕气进镇、闭路电视村村通、宽带信息进万家等惠民工程，多数村民用上了清洁能源。公共设施建设日臻完善。实施了文明村"五个一""十个一"工程。村村建立了村民学校、文体活动站、宣传橱窗等文化场所和设施，丰富了群众的业余文化生活，提高了村民的整体素质。

近年来精武镇不断加强环境建设，提高地区综合竞争力。2007年，精武镇以创建市级卫生镇为契机，镇、村两级先后投入4600多万元，硬化道路90369平方米、街道胡同墁砖268952平方米，购置垃圾箱1100余个，购置机扫车等专用车9辆，新建、改建公厕13座，镇、村专职保洁人员达180余人，全镇的清扫保洁率、垃圾清运率达到90%以上。精武镇被评为市级卫生镇，吴庄子等16个村被评为市级卫生村。启动了"五路五河"改造工程，改造津涞路，使改造后的津涞公路达到双向10车道，大大提升地区综合竞争力。

精武镇通过加快新农村建设步伐，完成了小南河、宽河、姚村、付村、潘楼等村80余万平方米的村民住宅楼建设，启动了镇东35万平方米商品房工程，近万名村民住进了宽敞明亮、现代化一应俱全的生态花园式新楼房，宜居的生活环境让村民享受到与城里人一样的新生活。


## 三、经济环境

精武镇依托得天独厚的黄金区位，按照"一主四辅"，即以医疗健康为主导产业，以新材料、数据物联、电子商务和体育旅游为辅助产业的产业发展格局，坚持产城融合发展，大力推进国家自主创新示范区、生态宜居居住区、霍元甲文化旅游区、现代农业产业园区、大学城科技成果转化区,实现"五区联动"。其中,学府工业区规划面积10.25平方千米,是国家自主创新示范区、天津市市级示范工业园、市级众创空间、市级留创园、市级知识产权集聚区、西青区首个文创基地,着力打造赛达健康产业园和海外高层次人才创新创业基地,被天津市定位为"中国北方新材料技术成果转化和新一代信息技术研发基地",目前已经建成天津学府科创广场,形成了以"一个成果交易展示中心""三个研究院""四个众创空间""五个服务机构"为主体的创新创业平台架构,引进了知名院士和专家,推动实施产学研合作项目51个,聚集创业团队60余家。学府工业区以学府商务大厦为载体,与海澜德科技集团共同打造国家级信息安全产业基地,已进驻包括世界500强和中国500强在内的企业500余家,正威国际集团、华润集团、卓尔控股、中国大冢、津版传媒、新华投资等总部结算机构、高端服务机构和高新技术企业先后在精武落户。

## 四、人文环境

精武镇周边有包括天津师范大学、天津工业大学、天津理工大学、天津城建大学、天津农业大学、天津商业大学宝德学院、天津市大学软件学院、天津警官职业学院等11所大学,在校师生约30万人,地区现有常住人口约13万。周边有天津奥城居住区、梅江居住区、华苑居住区、王顶堤居住区、体院北居住区、侯台居住区、永红居住区、李七庄居住区、张家窝小城镇居住区,有永旺、大润发、华润万家、时代奥城、新业广场等成熟商业综合体,周边常住及流动人口至少300万人。民族英雄霍元甲是精武镇人,由霍公创办的精武体育会拥有百年历史,在世界各精武会中的地位举足轻重。精武门·中华武林园景区现为国家4A级景区,每年接待游客量20万人次。

精武镇通过集约利用土地资源，协调产业发展，合理布局交通路网及市政建设，构建与自然环境相协调的生产生活环境。依托当地的自然资源及特色文化资源，营造具有典型特色的整体格局和风貌。通过改造升级居民建筑，打造彰显传统文化和地域特色，且融合多元文化的居民区。绿化建设贴近居民生活和工作，有效管理店铺布局，建设环境优美，干净整洁的美丽乡村。

# 第三节　文化基础

精武镇是爱国人士霍元甲的故乡，在特色小镇建设过程中，起到决定性的人文发展作用，其符合人文驱动型的新型城镇化建设。在新的历史发展时期，精武镇作为我国爱国主义教育基地，中国功夫和尚武精神的策源地，基于尚武精神和爱国教育开展一系列特色文化建设，是精武镇发展特色小镇的重要基础。

## 一、文化品牌

### 1. 精武文化品牌

精武体育会：民族英雄霍元甲生于小南河、葬于小南河，1910 年由其创建的中国第一个民间武术团体"精武体育会"，是中国近代体育史上历史最悠久、成立最早并有深远影响的民间体育团体，是一个超越国界和种族、影响最广泛的世界性民间组织，目前共有 62 个分会，遍布世界 30 个国家。

霍元甲文武学校：由世界武术冠军郎荣标、候冬媚创办的霍元甲文武学校，是中国孕育武术精英的摇篮，是文化和旅游部下设全国首家"国"字头涉外武术培训基地，学校现有师生 1800 人，建校 17 年共获奖牌3000余枚，共培养7个世界冠军、300多个国家级冠军和健将级运动员，多次出访世界各国交流武术文化，获得良好的国际反响。

《武·传奇》：天津市首个舞台功夫真人秀《武·传奇》，由精武镇政府发起，联合霍元甲文武学校，展现天津本地文化特色，弘扬中华民族传统武术文化，自2015年5月正式公演以来，已经面向国内外演出近百场，反响强烈。2017年5月《武传奇之霍元甲》舞台功夫秀作为天津市文化旅游名片正式在津湾大剧场进行商业演出。

精武镇依托市、区智慧旅游平台，突出精武文化品牌的世界性、民族性、唯一性，对已有的文化品牌进行了有效的开发和利用。

### 2. 草柳编技艺

草柳编技艺伴随着人们的生产、生活已有上千年的历史。在传统农耕时代，劳动人民就掌握了草编、柳编制品制作劳动用具的技艺。草帽作为农耕时代的产物，用水草、席草编织成，用来遮挡阳光，为干农活的人们抵挡了夏日的炎热。随着时代的发展，大部分草帽已经脱离田间劳作，工厂化加工的草帽摇身一变，成为人们头顶上的工艺品。草柳编手艺在天津有着厚重的历史文化底蕴，是西青区非物质文化遗产，精武镇的孙世安老师是此项非物质文化遗产传承人，是草柳编技艺的第四代传人。孙世安希望把自己的草柳编技术传给更多人，特意制作了教学光盘，希望有更多的人来传承这门非物质文化遗产。

### 3. 津版传媒

精武镇依托"津版传媒"项目，发展出版、印刷、发行及相关文化产业资本运营、版权贸易、进出口贸易等文化传媒产业。打造以集团管理、资本运营和整体市场为主要功能的"津版传媒"集团总部核心区，建设出版产业区、出版科技产业区、文化贸易产业区、教育培训区相关板块，打造出版全产业链的人文科技园。高水平建设天下传媒、翡翠玉文化创意产业园，建设产业特色鲜明、创新能力强、产业链完整、规模效应明显的特色文化产业基地。

## 二、文化企业及项目

目前，精武镇拥有众多实力较强、极具创新优势的知名文化产业企业，这些文化企业依托精武镇特色文化资源，不断创新进取，开发了兼具市场价值和文化传承意义的文化项目，主要列名如表2-1所示。

表2-1　精武镇文化企业及其项目

| 精武镇知名文化企业（14家） | 西青区重点文化项目（8个） |
|---|---|
| 1. 常青藤文化集团有限公司 | 1. 常青藤天津艺术产业园区（2018） |
| 2. 天津橡树动漫科技有限公司 | （天津市学府慧谷配电设备制造有限公司） |
| 3. 天津橡皮熊软件科技有限公司 | 2. 常青藤国际艺术小镇（2018） |
| 4. 天津星炎创意科技有限公司 | （常青藤（天津）文化发展有限公司） |
| 5. 天津天映凌云影视科技有限公司 | 3. 大型人文舞台剧《武传奇之霍元甲》（2018）（天津尚武文化发展有限公司） |
| 6. 天津优然旅游开发有限公司 | 4. 艺术品鉴定案表，大数据资产管理的技术开发项目（2017） |
| 7. 天津画面一派文化传媒有限公司 | （天津常青藤电子商务有限公司） |
| 8. 天津大行道动漫文化发展有限公司 | 5. 三维动画电影《宗师霍元甲》（前期策划）（2016）（天津天映凌云影视科技有限公司） |
| 9. 精武门·中华武林园 | 6. 中华历代名书画的纳米精准复制产品技术开发项目（2016） |
| 10. 天津霍元甲文武学校 | （天津常青藤电子商务有限公司） |
| 11. 天津尚武文化发展有限公司 | 7. 中华历代名书画的纳米精准复制产品的电商开发平台（2016） |
| 12. 华盛绿能（天津）农业科技有限公司 | （天津常青藤电子商务有限公司） |
| 13. 天津京津文化传媒发展有限公司 | 8. 3D版霍元甲迷踪拳虚拟现实互动体验项目（2016） |
| 14. 天津天域资产管理有限公司 | （天津橡树动漫科技有限公司） |

此外，还有天津市级文化产业基地（天津大行道动漫文化发展有限公司），文化产业示范基地（天津常青藤电子商务有限公司、天津橡树动漫科技有限公司）等，为精武镇文化资源的开发利用及产业化发展提供了良好的载体，有利于加强特色文化资源的保护、传承和传播，推动优秀传统文化的创造性转化和创新型发展，不断增强区域文化产业发展的核心竞争力。

精武文化是精武镇文化资源的核心。通过充分挖掘以精武文化为核心的传统文化，充分挖掘、整理、记录，保护和利用历史文化遗存，活态传承非物质文化遗产，精武镇已形成独特的文化标识。通过文化产业的创新融合发展及有效的文化传播，促进优秀传统文化在经济发展和社会管理中得到充分弘扬和发展。

## 第四节　设施服务

### 一、交通设施

精武镇交通四通八达，镇域内修建了津涞路、津文路、荣华道、干校路等主要交通要道，完成了公路村村通工程，形成了四通八达的交通路网。其中，津晋高速、津沧高速、京沪高速等8条高速公路和津文公路、团泊大道、赛达大道穿镇而过，是通往天津健康产业园萨马兰奇纪念馆、团泊奥特莱斯商业区、天津全运会比赛运动中心的必经之路，是西青区半小时交通圈的中间站，高速公路津文收费站距离项目地车程只有3分钟；有通往市中心的津涞公路、地铁3号线，10分钟可以到达天津奥体中心、30分钟到达天津市文化中心、40分钟到达天津和平路金街；高铁南站近在咫尺，地铁3号线与天津南站实现了"零距离对接"，镇内及周边区域共有5个地铁站，即大学城站、高新区站、学府园区站、杨伍庄站、天津南站，乘高铁 30 分钟可以到达北京和天津站、4.5 个小时到达上海；天津滨海国际机场、天津港、天津滨海新区等都在精武 1 小时交通圈内；天津市地标建筑 117 大厦距离项目地 1 千米；距项目地 1 千米有 2 条公交总线和地线 3 号线站点，有 9 条公交线路通往市中心。

## 二、水利设施

全镇拥有排灌泵站点 40 个，做到旱能浇、涝能排。在节水工程建设上，到目前为止，全镇已投入资金 1165 万元，修建防渗渠 112.5 千米，控制农田面积 2 万亩，在全区率先实现了农田节水灌溉。

## 三、惠民工程

政府主导打造儿童之家、红色朗读亭、红色驿站等红色商圈，建设休闲娱乐健身为一体的精武文化公园，丰富了群众的业余文化生活，提高了村民的整体素质。

目前，精武镇基础设施日趋完善，自来水符合卫生标准，生活污水全面收集并达标排放，垃圾无害化处理，道路交通停车设施完善便捷，绿化覆盖率较高，防洪、排涝、消防等各类防灾设施符合标准。公共服务设施完善、服务质量较高，实现了教育、医疗、文化、商业等服务的农村覆盖。

# 第五节　发展机制

精武镇坚持国家培育特色小镇的基本原则，深化改革，加大体制机制改革力度，创新发展理念，创新发展模式，创新规划建设管理，创新社会服务管理。通过建立"以产业融合创新发展为目标，以重大项目为基础，以互联网技术为突破，以产业投资为支撑，以新型人才为保障"的发展机制，着力打造特色生态产业，探索创新型经济发展模式。

## 一、不断创新发展理念， 积极推进产业融合

精武镇以创新型发展理念，探索创新型经济发展模式。在规划建设管理上将旅游文化融合创新，实施多规协调发展，建设规划与土地利用规划合一，积极完善社会管理服务，根据市民及市场需求创造性地提供社会管理服务。同时在支持政策上开拓思路，以产业化思维促进镇村融合创新发展。

## 二、精心谋划重大项目， 形成特色产业生态的产业基础

注重引导特色小镇，加强提高对特色小镇项目载体策划的重视程度，设立一批业态类、生态产业类重点项目进行发展。特色产业生态发展与培育应落实到具体的投资项目中，加大创新技术服务业与新兴产业的投资建设。

## 三、推广"互联网+" 应用， 形成特色产业业态新模式

建设特色小镇的重点在于打造特色产业生态，打造特色产业生态的重点在于推进创新产业业态。建立特色小镇应积极利用互联网技术进行业态创新，"互联网+"的前端是工业设计，中端是智能制造，后端是网络营销。实施"互联网+"行动，推行"大数据+云服务"，推

进商业模式、产业组织模式、小镇运营管理模式创新；实施"知识+资本+经营+管理"的创业创新模式，建立民营资本与新兴产业对接机制；实施"制造业+互联网"，发展智能制造，推进制造模式创新；实施"'三名'培育试点企业+特色小镇"，探索特色小镇投资建设和运营新模式；实施"制造+服务"，推进生产型制造向服务型制造转变。

## 四、加大产业有效投资，形成特色产业生态的支撑力量

提高利用软投入打造产业生态的重视度，创新性建设特色小镇网络统计评价体系，应通过创建创业基地、扩展总部基地、加快信息产业基地建设等途径，引导地区投资高技术服务业与新兴产业，顺应新兴产业业态发展的趋势，扩大民间资本发展，将产业基地投资作为特色小镇产业生态创新的标志性载体，依据地方生态环境特色进行产业发展。

## 五、引进和培养高级人才，形成适应新型业态发展需要的人才结构

发展新型特色生态产业，引进与培养高级人才是必不可少的，应注重突破原有人才组成机构，丰富创新传统优势产业业态，引进品牌营销人才、创新设计人才等，丰富人才组成体系，创新与丰富历史文化产业，咨询国家级专家参考意见，力求根据当地文化衍生发展新的生态文化资源，大力引进培养科技研发人员，培养高水平的管理营销人员，促进旅游产业人员组成结构的多元化。

# 第三章

# 精武镇发展特色小镇的
# 态势及面临挑战

　　作为天津市发展特色小镇的重点对象，精武镇基于自身明确的产业形态、宜居的发展环境、特色的文化资源、完善的设施服务以及创新灵活的体制机制，坚持党和政府的坚强领导，不断探索实践精武镇发展特色小镇的道路，努力实现"转型发展、赶超跨越"，形成了良好的发展局面。在创建天津市特色文化产业示范镇的同时，将精武镇打造成为中国天津·世界精武文化旅游目的地、中国武术朝圣地、天津旅游发展新亮点、天津城市客厅、地标性文化休闲名片，建设成为功能齐全、品位高端、生态优美、和谐宜居的新型特色小镇。

# 第一节　精武镇发展特色小镇的态势

围绕"转型发展、赶超跨越"的发展目标，精武镇在党和政府的正确引导下，充分发挥市场的主体作用，进行了一系列经济、文化、社会工程建设，发展势头良好。本节对精武镇建设特色小镇的整体形势做一概述，并对建设中的重点项目进行重点介绍。

## 一、整体形势

近年来，精武镇全面落实区委"一二三五三"总体工作要求和基本工作思路。围绕"世界精武魂，活力精武镇"的总体定位，坚持"创新竞进、崇文尚武，打造活力新城"的发展目标，通过优化城市生产功能、城市生活功能及城市生态功能三大功能，围绕"一主四辅"的产业发展定位，重点发展医疗健康、新材料、数据物联、电子商务和体育旅游五大产业，重点打造学府高新区、精武门·中华武林园、《武·传奇》、天津霍元甲文武学校、精武文化广场五张城市特色名片。以区域化为重点，全面加强党的建设；以网格化为基础，提升社会综合治理水平；以精益化为目标，提升行政管理效能，不断加强城镇建设的保障机制。

在天津市西青区区委、区政府的坚强领导下，全镇努力探索顺应科学发展规律、契合精武特点、实现弯道超车的发展路径，提出并践行了"经济搭台、文化唱戏、稳定铺路、民生做后盾、党建为基石"的总体工作要求和基本工作思路，坚持不懈抓发展、惠民生、促和谐、强党建，全镇经济社会保持了良好的发展势头。

## 1. 综合实力显著增强

精武镇主动适应经济新常态，积极应对压力，经济社会实现持续健康发展。地区生产总值、税收收入、固定资产投资、农民人均可支配收入在 2015 年分别完成 68.7 亿元、9.3 亿元、112.3 亿元和 20973 元（见表 3-1）。各项主要经济指标始终保持"二字头、两位数"增长，增速位居全区前列，大幅度缩小了与先进街镇的差距，大跨步迈进了全区"第二集团"行列。

表 3-1  2010~2015 年精武镇经济发展各项指标统计

| 指　标 | 2010 年 | 2011 年 | 2012 年 | 2013 年 | 2014 年 | 2015 年 |
|---|---|---|---|---|---|---|
| 地区生产总值（GDP）（亿元） | 15.2 | 18.2 | 23 | 28.5 | 57.3 | 68.7 |
| 税收收入（亿元） | 2.8 | 3.4 | 4.3 | 4.8 | 7.4 | 9.3 |
| 农民人均可支配收入（元） | — | 12564 | 14913 | 17479 | 19165 | 20973 |
| 固定资产投资（亿元） | 34.4 | 45.4 | 57.3 | 85.9 | 87.7 | 112.3 |
| 规模以上工业总产值（亿元） | 77.8 | 105 | 129.1 | 132.8 | 156 | 182 |
| 批发零售销售总额（亿元） | 5.7 | 62 | 100.9 | 105.9 | 124 | 150 |

注："—"表示未统计。

## 2. 发展质量显著提升

精武镇三次产业比例优化为 1∶55∶44。现代都市型农业初具规模，"三区九园一中心"的农业基础建设布局基本完成。占地 1000 亩、总投资 3.5 亿元的光伏农业科技产业园投入使用，成为三次产业融合发展的新亮点。与天津农学院建立产学研联合体，推广观赏鱼先进养殖技术，品质和产量全面提升。先进制造业升级步伐加快，工业总产值达到 192 亿元，规模以上工业企业达到 36 家，战略性新兴产业产值年均增长 30%。老工业园区企业提质增效，29 家企业实现转型升级，大冢制药主营业务收入连续五年保持 20% 以上增幅，新宇彩板跻身中国民营制造业 500 强。"十二五"期间，新增中国驰名商标 2 个，天津市名牌产品 7 个，天津市著名商标 8 个，市级"撒手锏"产品 3 个。现代服务业加速壮大。服务业快速发展。商贸流通、楼宇经济、文化旅游等服务业增长加快，学府商务大厦已注册 97 家总部结算机构、高端服务机构和高新技术企业，2015 年贡献税收 5000 万元。卓尔海宁皮革城、汇成国际（食品）商贸城等商贸综合体开业，文博园、教师之家、"星期八小镇"等特色商业街投入运营。精武门·中华武林园被认定为国家 4A 级景区，五年间成功举办两次世界精武武术文化交流活动，2017 年举办首届迎春庙会、天津首届风筝节、梦想家大学生音乐节等活动，旅游接待人数近 73000 人次，日均客流量 4000 多人，文艺展演 40 场。落实中小微企业贷款风险补偿机制，发放贷款 547 笔、87.5 亿元。

### 3. 增长动力显著转换

精武镇坚定实施项目带动战略，发展后劲不断增强。项目引进成果丰硕，围绕重点产业规划和首都疏解功能，积极融入京津冀协同发展，引进了包括正威国际集团、天津卓尔电商城、津版传媒、久泰电子科技等世界、国内 500 强在内的 28 个行业龙头企业，签约投资额 714 亿元，实现外资到位 2.2 亿美元、内资到位 157.8 亿元。重大项目加快发力，累计推出重点项目 50 个，计划总投资 388.2 亿元，已完成投资 187 亿元。蓝辰天成绿色数据中心、学府慧谷配电设备制造、旭辉燕南园等一批重点项目开工建设；国家信息安全产业基地、慧谷工业园、麦谷"互联网+"产业园、光电科技及创新产业园等一批高新产业园区相继投入运营。创新创业快速推进，学府高新区成功列入国家自主创新示范区，天津学府科创广场被认定为市级众创空间，引进知名院士和专家，科研成果和研发团队分别荣获第四届全国创新创业大赛一等奖和优秀团队奖。五年来发展科技型中小企业 592 家、科技小巨人 27 家、高新技术企业 19 家，新认定专利 1532 件。

### 4. 城镇面貌显著改变

精武镇加快实施"四清一绿"行动，连续开展市容环境综合整治活动，环境面貌不断提升。空气质量持续向好，推行大气污染防治网格化管理，狠抓"五控"治理，关停并转高耗能高污染企业 4 家，圆满完成各年度节能减排任务。水系生态持续改善，综合治理河道 20.5 千米，新建改造污水管网 20.6 千米，全镇污水管网基本实现全覆盖。治理入河排污口门 8 个，改造合流制地区 4 片，城镇污水集中处理率达到 97%。镇容村貌持续提升，深入开展爱国卫生运动和镇容环境综合整治，取缔一批废品收购站，拆除一批违章建筑，整修街景立面 3.96 万平方米。完成老旧楼区改造 30.3 万平方米。完成精武镇汇英苑小区沿街商业的整改，典雅大气的欧式风格，焕然一新的街景立面，宽敞平整的停车场，停放整齐有序的车辆，都让人眼前一亮。建成镇村综合服务中心 16 个、美丽社区 3 个。全面完成清洁村庄创建任务，全镇生活垃圾无害化处理率达到 90% 以上。大绿快绿工程持续推进，下大力气打造生态绿林、绿色河道，新增绿化面积 8000 亩，栽植乔灌木 85 万株。高标准建成 7.3 万平方米的精武公园，为镇区群众提供了更好的休闲健身场所。城镇功能持续提高，按照"一控规两导则"的要求，镇区规划及小城镇挂钩试点地块规划实现全覆盖；京沪高铁天津南站投入使用，地铁 3 号线引入该镇，新建改造城镇道路 13 条共 27 千米和乡村公路 9 条共 11 千米。社区工作站和网格化管理实现全覆盖。

### 5. 民生福祉显著增进

精武镇持续加大民生领域投入，2015 年已累计投入 67.5 亿元，占财政支出比例超过 80%，群众生活水平不断提高。住房条件持续改善，加快推进示范镇安置区和各村住宅楼建设，10 个村、5600 余户村民迁入配套齐全、环境优美的新型社区。就业形势保持稳定，充分利用劳动保障信息广场积极开展"送政策、送信息、送岗位"等活动，五年内实现新增就业 3176 人，转移农村富余劳动力 2563 人，举办各类技能培训累计 3000 余人次参加，城镇登记失业率控制在 3.5% 以内。社会保障持续健全，深入实施养老保险参保补贴、农籍居民医疗保险补助等惠民措施，本地城乡居民医疗保险参保实现全覆盖，城乡低保、农村五保供养标准逐年提高，居家养老补贴、优抚对象抚恤全面落实。教育教学水平明显提升，新建、改扩建 4 所中小学和 7 所幼儿园，教育基础设施和办学条件得到质的飞跃。全镇教育系统累计获得市级以上荣誉 28 项，其中，天津师范大学第三附属小学荣获全国教育系统先进集体。霍元甲文武学校被原文化部现为文化和旅游部授予"国家对非培训基地"称号，在国际和全国大赛中荣获金牌 920 枚，成为国家级特色学校。公共服务更加便民，8000 平方米社会事务服务中心投入使用，集社会治理、综治信访、社会事务于一体，内设 27 个服务窗口，80 余个服务事项，日均受理便民事项 300 余件。民营客运班线全部停运，新开通 4 条公交线路，百姓出行更加安全便捷。建成大南河祥和园文体活动中心和国兴佳园等 3 个社区综合服务中心，全镇新增体育器材 1200 件，为村、社区、企业等 24 家农家书屋增加图书 2.6 万册、乐器 252 件。社会保持和谐稳定，"六五"普法有效开展，积极化解社会矛盾和不稳定因素，连续 5 年获评综治工作优秀达标地区，镇司法所荣获"全国先进司法所"荣誉称号，义务普法宣传员陈万宏入选中央电视台法制频道 2015 年度法治人物。启动建设安全精武，加强重点领域安全隐患排查整治，有效防止了重大不稳定事件和重特大安全事故的发生。

## 二、重点产业项目

特色小镇发展的"灵魂"在产业，而重点项目则是产业的必要支撑和落脚点，对于特色小镇的建设和发展起着关键作用。围绕天津市西青区区委确立的医疗健康、新材料、数据物联、电子商务和体育旅游五大产业，精武镇开展了兼具经济效益和社会效益的重点项目，目前已形成了较大的知名度和影响力，有力地支撑了精武镇产业的健康发展。

### 1. 精武门·中华武林园

精武镇是近代著名爱国武术家霍元甲的故乡。由霍元甲创办的精武体育会已成立 104 年，共有 60 余个精武体育会，遍布世界 30 个国家。精武镇充分借助这一得天独厚的历史人文资源，高标准规划并启动建设了集国内外武术文化交流、爱国主义教育、观光体验、休闲度假于一体的富有浓郁精武文化特色的文化产业高地——精武门·中华武林园，目前已投资 7 亿元建成了"二馆一园"即霍元甲纪念馆、霍元甲纪念园和精武馆，是国家 4A 级景区、天津市爱国主义教育基地。

霍元甲纪念馆占地约 132 亩，建筑面积 12602 平方米，纪念馆为三层建筑，太极图结构，下由一八卦形底座高高托起，纪念馆全面系统地展示了霍元甲的传奇一生和精武会的创建发展历程；霍元甲纪念园在原址上扩建，占地约 110 亩，建筑面积 3533 平方米，包括观武亭、广场、山门、大殿、牌坊、陵墓等，供各国精武友人和各界人士前来恭仰祭拜；精武镇于 1992 年、2010 年和 2012 年先后承办了"世界精武武术文化交流大会""霍元甲百年英雄会"，并成功举办了 2017 年与 2018 年两届"迎新春庙会""中国天津首届轻型飞机低空飞行嘉年华"、天津首届风筝节等活动，武林园景区的国内、国际影响力日渐提升。

精武镇对该项目不断升级改造，提高国内外的影响力。一是重点加大对精武门·中华武林园景区的提升改造建设：①对霍元甲纪念馆内部进行全新的提升改造；②实现精武馆后续工程的合理对接；③打通武林园和武校。将霍元甲武术元素充分融入园区中，实现两馆、一园、一武校"四位一体"。积极联手本地及外埠大中小院校合作共建爱国主义实践教育基地，开展实践活动。二是为传承精武文化，弘扬尚武精神，不断提升霍公故里西青区的知名度和天津在全球的影响力，举办霍元甲诞辰150周年纪念活动。组织区政协、区文化局、教育局、旅游局、精武镇政府及霍元甲文武学校等有关人员赴上海市虹口区、浙江省余姚市等地区开展专题调研，加强精武镇特色小镇重点项目建设。

### 2. 霍元甲文武学校

由世界武术冠军郎荣标、候冬媚创办的霍元甲文武学校，是中国孕育武术精英的摇篮，是文化和旅游部下设全国首家"国"字头涉外武术培训基地，学校现有师生1800人，建校17年共获奖牌3000余枚，共培养7个世界冠军、300多个国家级冠军和健将级运动员，每年众多国内外武术爱好者慕名而来，习武修身，体验独具特色的津门功夫之旅。精武镇霍元甲文武学校是继国家体育总局授予霍元甲文武学校"国家空手道训练基地"之后的又一个"国"字头培训基地，承担非洲武术学员的培训，迄今为止已经培训四期共计80名非洲学员。

近年来，霍元甲文武学校通过参加各类国际文艺演出及活动，促进精武文化"走出去"。霍元甲文武学校受文化和旅游部委派，随习近平、李克强等党和国家主要领导人连续出访世界60多个国家进行武术交流和访演，将精武文化传播到世界各地。目前，天津霍元甲文武学校被文化和旅游部指定为全国唯一的涉外对非培训基地，同时也是天津精武会和迷踪拳研究会所在地，每年接待来自世界各国的武术爱好者来校学习、训练。

2017 年，霍元甲文武学校学员在泰国"欢乐春节"上进行文化交流访演，为泰国人民献上了一场精彩绝伦的武术表演《精武英豪》，学员们高超的武术技艺、敬业的工作态度得到了泰国副总理和中国驻泰大使、参赞的盛赞。霍元甲文武学校学员随"美丽天津"艺术团赴俄罗斯进行访问演出和文化交流，赴圣彼得堡参加"记忆·天津"非物质文化遗产展览和综合文艺演出，霍元甲文武学校外派教练在毛里求斯与当地学员举行武术展演；出访古巴、巴巴多斯，参加古巴哈瓦那"中国文化节"，提高了精武文化的知名度和影响力，向全世界展示了中华武术的博大精深和中华文化的源远流长。

### 3. 精武文化公园

精武文化公园位于精武镇富兴路东侧，丰华道南侧，鸿信路西侧，乾华道北侧，占地面积约 12 万平方米，总投资 1.28 亿元，是由老厂房改造而来的集休闲、娱乐、健身为一体的文化主题公园。2019 年 9 月30 日，精武文化公园正式开园迎客。公园水清树绿、花香景美，活动场地宽阔、设施器材齐全、文化元素丰富，成为人们观光游玩、休闲休憩、享受生活的好去处。

精武文化公园由福润精武、尚武精神、辉煌风采三大板块组成，惠及人口达 2 万余人。公园以现有生态环境为依托，建设绿荫健身步道、生态水溪和音乐喷泉等绿色休闲设施，成为高楼大厦之外供百姓休憩的民心工程。公园规划设计建设了尚武精神雕塑，剪影雕刻以迷踪拳为原型，与精武镇本土文化紧密联系，充分彰显精武文化的魅力；

"阳光书吧"将建筑与自然高度融合,让群众在文化滋养中享受美好生活;公园旱喷音乐广场为群众文化活动增添了气氛,以下沉式精武剧场为核心,周边寓意五大洲的活动场地,为居民活动健身提供了广阔舒适的空间。另外,公园整体融入海绵城市设计理念,促进雨水资源的利用和生态环境和谐,力争建造"会呼吸"的公园生态环境。

### 4.《武·传奇》文化名片

天津市首个舞台功夫真人秀《武·传奇》,由精武镇政府发起,联合霍元甲文武学校,展现天津本地文化特色,弘扬中华民族传统武术文化,自 2015 年 5 月正式公演以来,已经面向国内外演出近百场,反响强烈。

2016 年,天津尚武文化发展有限公司开展了"武术体验定制游":观看由世界武术冠军领衔主演的大型现代原创武术表演秀《武·传奇》,感受精武精神、体验中华武术的独特魅力,品尝运动员标准餐,近距离观赏和学习中华武术,享受全新的旅游体验。《武·传奇》的推出带动了整个区镇的文化旅游资源,进一步提升西青区作为全国知名武术之乡的声誉,是西青区文化旅游产业的一面旗帜。《武·传奇》从问世到现在已经演出了 200 多场,在津湾大剧院演出 10 余场,受到了社会各界的一致好评,可以说已经成为能够代表精武镇、代表西青区文化产业的一张绚丽名片。其经济效益也不可小觑,尤其随着精武镇文化旅游产业的不断做大做强,《武·传奇》背靠国内,面向国际,具备素质一流的专业演出团队,并曾多次随习近平、李克强等党和国家领导人赴非洲、中亚、南美等几十个国家进行武术交流与访演活动,其演出水平在国内外享有极高声誉,广受赞赏。

2017 年,天津尚武文化发展有限公司与北京、津湾三方合作对《武·传奇》进行了改版,在原《武·传奇》成功的舞台表演基础上,充分利用津湾大剧院的舞美机械，从内容到表演方式对《武·传奇》进行加工和深化处理，特别在串联形式、表演人物塑造方面，加大霍元甲、精武会的内容比例，给人们还原一个真实的霍元甲，真实的迷踪艺。首版定名为《武传奇之霍元甲》，并已进入市场化运营，进一步向外界展示精武文化，弘扬精武精神。2017 年 5 月《武传奇之霍元甲》舞台功夫秀作为天津市文化旅游名片正式在津湾大剧场进行商业演出。计划每年演出 200 场次，票房年收入 500 万元以上。

### 5. 西青学府高新区

天津西青学府高新区坐落于精武镇北部，东至第三高教区，南至精武镇镇区，西至津晋高速公路，北至天津高新技术产业园区海泰南道，位于西青区中部新城和西青经济技术开发区两大发展组团的中心位置，区位优势明显。园区规划面积 10.2 平方千米，其中国家自主创新示范区用地面积 3.6 平方千米，2009 年被天津市人民政府批准为示范工业园区，2014 年园区被天津市政府批准为天津国家自主创新示范区"一区二十一园"之一，2015 年获批天津市众创空间、天津市留创园，2016 年获批天津市首批知识产权聚集区、西青区首批文创基地。

"十三五"期间，精武镇将立足于打造崇文尚武、宜居宜业的活力新镇，努力促进战略性新兴产业占据价值链高端，提高现代服务业的产业融合度，以大学科技园为重点加快建设学府高新区，围绕高新化、高质化、高端化的产业发展定位进行建设。打造创新技术和创新产品聚集高地，重点发展医疗健康、新材料、数据物联、电子商务和体育旅游五大产业。依托高教区、高新区的智力资源优势，把学府工业区打造成科教、研发、产业一体化基地，成为"智力西青"的核心板块。

### 6. 常青藤国际艺术小镇

常青藤国际艺术小镇项目坐落于精武镇小卞庄村，该项目将在保留小卞庄原有村落及人文特色的基础之上，增加艺术与创新元素，吸引常青藤文化集团有限公司签约合作的艺术家、美术馆、数码版画创作室等入驻艺术小镇，形成艺术创作与艺术体验、数字出版产业与旅游度假相融合的聚集地。项目总投资 3.4 亿元，占地面积为住宅地面积 151.9 亩，农田 416 亩，大棚面积 100 亩。小镇可用建设用地面积为 133 亩，示范区（一期）占地 12460 平方米，总建筑面积 3460.67 平方米。目前小镇已完成示范区（一期）建设，包括 12 套大师工作室、咖啡厅、艺术沙龙、画廊、餐厅及民宿酒店等内容，于 2019 年 11 月 10 日在小镇举行"绥猷艺术沙龙暨天津常青藤国际艺术小镇启幕"活动，正式对外展示。

艺术小镇依托常青藤文化集团产业链优势，集团旗下包括常青藤基金、常青藤艺术、常青藤文化、常青藤设计师联盟、常青藤营造与装饰、常青藤艺术产业园、常青藤美术馆、常青藤环境艺术体验中心、常青藤艺术家工作室等板块，构成了服务各类客户的艺术品产品链和艺术化装饰服务体系，集合了艺术设计、艺术品生产制作、艺术教育、仓储运输、艺术展览交流、艺术品交易从设计到生产、从培育到就业、从仓储到物流的全方位体系。天津常青藤国际艺术小镇作为以签约艺术家生活创作的工作室为特色的艺术区，作为常青藤文化产业体系的重要节点，将同常青藤文化集团打造的艺术创作、艺术品研发生产、推广及销售整体产业链平台无缝对接，为入驻艺术家及相关人群创造艺术作品的有效销售渠道，形成艺术创作、体验、交流与销售的产业发展新模式。

### 7. 光伏农业产业园

精武镇近年来着力发展现代都市农业，按照"三区九园一中心"总体规划，加快光伏农业科技产业园建设，尽快竣工投产，发电并网。

加快生态旅游功能开发，做优炒茶品茗、特蔬采摘、农事体验等休闲项目，深耕食用菌、光伏茶、有机蔬菜、园艺苗木四大品种，在规模化种植的基础上，利用科技化手段提高农业附加值，努力打造天津"伏茶庄园"和"光伏菇乡"，形成集科技农业、体验农业、创意农业、品牌农业、定制农业于一体的现代都市农业样板项目。

光伏农业产业园包括 222 个光伏农业科技大棚及配套设施，以特种蔬菜、光伏茶、皇菊种植、苗木花卉种植、加工及林蛙养殖为主营业务。园区目前分为光伏茶种植区、CSA 采摘区、林蛙养殖区、休闲农业体验区、苗木区五个区域。园区在发展光伏农业全产业链的同时，还将发展休闲农业，建设华盛农场。项目一期规划面积约为 400 亩，种植区以皇菊种植为主，养殖区以林蛙养殖为主，活动区规模约为 85 亩，以地景设计为主题。

## 8. 精武镇中心幼儿园

天津市西青区精武镇中心幼儿园创建于 2018 年，占地 4050 平方米，是精武镇第一所公办幼儿园。现有大、中、小 9 个教学班，每间教室均设有幼儿衣帽间、盥洗室、卫生间，此外还设有幼儿保健室、隔离室、综合活动教室等；户外操场、跑道、沙池，各种玩教具应有尽有，保证幼儿户外活动质量。幼儿园拥有一支教育观念新、业务能力强、师德修养好、充满活力的中青年教师队伍。幼儿园以"育德，启智，崇文，尚武"为宗旨，以期让孩子们在乃文乃武的精武大地共擎一方蓝天，让每一个孩子都沐浴在爱的阳光下，启心智之门，扬求知之帆；拥抱人生最美、最佳的开端，踏步新征程，不负新时代。

2019 年，精武镇中心幼儿园严格对照《天津市幼儿园保教质量规范》标准，以高度负责的态度，实事求是开展教育安全工作。着力园所设施配备高投入、幼儿安全高保障、教育投入高标准，推进办园条件标准化；聚焦一日常规、区域活动、园本教研等质量提升，推进保教工作优质化；着眼开放性和特色化发展，推进办学效益最大化。幼儿园通过积极构建家园共育平台，成立家长委员会，不定期地召开会议，举办各种专题讲座，除了传统的上门家访、电话访谈、"家长开放日"、"家园联系栏"等形式外，还通过网站、微信群、微家园等媒体与家长互动，还特别增设家长助教渠道，让家长走进课堂，利用多样化家长资源让幼儿全面发展。通过多渠道、立体化的家园共育活动，幼儿园赢得了家长的普遍赞誉，公众满意度逐年提升。

## 第二节　精武镇发展特色小镇面临的挑战

精武镇在发展特色小镇的热潮中紧抓机遇，立足自身特色资源，在产业形态、发展环境、文化资源、设施服务及体制机制等方面都有了重要的基础，并通过有规划、有策略的针对性开发建设，使特色小镇建设卓有成效，但是，因为地区差异，各个城镇的资源和发展实际有所不同，建设特色小镇需要开发者关注的环节，需要协调的资源非常多，在实际工作中面临的困难和问题更没有可以完全复制的经验和路径，只能依靠自身去实践和探索。基于精武镇发展特色小镇的基础和局势，其面临的挑战主要有以下方面。

### 一、文化品牌有待提炼

精武镇人文资源要素分布范围较广、较为零散，且优良级资源的产业化能力和品牌影响力不强，难以形成整体性的规模集聚效应。更为关键的是，在精武镇尚武文化的大品牌下没有形成相关的特色文化产品和服务，以及形成与之相匹配的价值链、品牌链、产业链。因此，要以利于产业化和品牌化为原则，打造文化产业各要素环环相扣、相互促进，上下游优势互补、梯次发展，以良性循环不断推动产业螺旋式上升的文化产业链条。

## 二、产业融合有待加强

精武镇文化产业尚处于初步发展阶段，受体制机制、配套政策、平台和人才等方面制约，文化产业发展过程中与其他产业融合较少，尤其是在文化与农业、旅游业的结合方面。文化产业在与旅游业、高科技产业、传统制造业、金融业、商贸业的融合发展中，既以文化创意提升了相关产业的文化含量，催生了新的业态形式，又极大地提高了其附加价值。文化产业与其他产业融合的政策有待进一步完善，融合的深度和广度也有待进一步深化，创新发展，打破瓶颈，加速转变经济发展方式，实现相关产业转型升级。

## 三、龙头企业有待培育

精武镇共有 17 类文化经营单位 14 家，但除几家国有文化单位外几乎没有规模较大的文化企业。知名企业少，企业知名度低，没有形成品牌效应，市场认知率、占有率低。优势特色企业缺乏，缺少大型龙头企业带动，导致产品优势没有形成品牌优势、规模优势。要进一步推动文化产业在天津市的发展，必须集中力量，力争培育出 1~2 家文化产业的龙头企业，扶持几家重点企业，帮助其做大做强，以龙头带配套、促集聚，促进文化产业集群化发展。

## 四、招商引资有待创新

在文化项目招商上，有待进一步调动企业的积极性和主动性，真正把企业推入招商引资第一线。政府不能既"搭台"又"唱戏",不能既是项目的包装者又是项目的推出者,还是项目的谈判者和跟踪者,导致外来投资者反而找不到对等的合作者。明确政府主要职责,着重研究招商引资的战略、策略和相关政策,宣传造势,营造环境,构建平台,牵线搭桥,政策扶持,配套服务等,真正实现企业之间的直接交流和双方合作项目的有效对接。

## 五、公共服务品质有待提升

特色小镇建设不同于早期开发区主要依靠"政策扶持"与"制度红利",通过特殊的税收、用地优惠政策增强外来投资的吸引力的模式,而必须要依托于更加优质的公共服务来吸引优质资本、打造特色优质产业。这不仅包含了自然风貌、生活配套等"硬"设施,更涵盖优质化的医疗、教育资源、政府公共服务水平等"软"配套。近年来,精武镇公共服务体系不断建设和完善,但随着精武镇的经济发展和转型升级,针对公共服务中的一些"软"配套品质还不够高,基于公共服务的多元性和重要性,今后还需要进一步改造提升。

第四章

# 加快精武镇发展特色
# 小镇的政策措施与建议

近年来，精武镇凭借京津冀一体化的战略机遇，不断贯彻党中央、国务院关于推进特色小镇建设的精神，落实《国民经济和社会发展第十三个五年规划纲要》关于加快发展特色小镇的要求，基于自身明确的产业形态、宜居的发展环境、特色的文化资源、完善的设施服务以及创新灵活的体制机制，形成了良好的发展局面。在"十四五"期间，精武镇更要百尺竿头，做好系统谋划、加强服务、打造品牌、引进人才等工作，力争将精武镇建设成为功能齐全、品位高端、生态优美、和谐宜居的新型特色小镇。

# 第一节　特色小镇建设的思路

精武镇基于自身鲜明的产业形态、宜居的发展环境、特色的文化资源、完善的设施服务以及创新灵活的体制机制，着眼于"建设成为功能齐全、品位高端、生态优美、和谐宜居的新型特色小镇"的长远目标，顺应国家建设特色小镇发展趋势，同时积极应对发展中遇到的各项挑战，准确把握精武镇发展特色小镇的方向，是精武镇实现跨越式发展的题中之义。

## 一、政府引导、社会资本介入是特色小镇建设的主要模式

政府引导、社会资本介入这种模式是未来特色小镇发展的主流趋势。特色小镇建设需要大量的资金，持续稳定的资金来源是特色小镇发展的关键，因此合适的融资模式对于特色小镇的发展将至关重要。目前全国各级地方政府已逐步广泛运用的 PPP（Public-Private Partnership）模式，具有很多优势。

（1）PPP 模式能够有效地综合使用财政资金和社会资本，减轻政府压力，开拓融资渠道，弥补特色小镇资金缺口，丰富资金来源。同时，未来特色小镇进入成熟阶段，可以发行资产证券化产品进行融资，进一步支持小镇的发展。

（2）PPP 模式能够降低和分散风险，政府和社会资本通过相应的合约，对投资、建设过程中的相关责任进行明确界定。政府主要在小镇建设阶段承担建设风险，社会资本则主要是在小镇运营阶段承担运营风险。这样政府和社会资本可以发挥自身优势在项目的不同阶段管控相应风险，降低和分散风险，提高特色小镇建设运营的效率。

（3）PPP 模式实现经济效益和社会效益的平衡。特色小镇不同于一般的政府公益性项目，是一个融合产业、文化、旅游、生活等多项功能于一体的综合型平台。市场化合理运营的特色小镇，未来产生的价值可以满足社会资本的投资回报要求。同时，对政府经济转型升级、新型城镇化建设，都具有重要意义。

精武镇是在政府主导下建设的特色小镇，已培育有众多强有力的社会资本，应该适时采用政府与社会资本合作的 PPP 模式，充分发挥政府主导与社会资本的优势，共同开发特色小镇。

## 二、跨界融合、构建生态系统是特色小镇建设的核心理念

特色小镇是按创新、协调、绿色、开放、共享发展理念，结合自身资源优势，找准产业定位，进行科学规划，挖掘产业特色、人文底蕴和生态禀赋，实行产城融合、服务配套、管理健全的发展模式。

单一的资源型、产业型特色小镇风险较大，特色小镇力求第一、第二、第三产业的高度融合，追求生产、生活、生态融合发展。保持产业、文化、旅游、休闲为一体，实现产业和城镇发展融合，加速新型城镇化进程，特色小镇在确保核心产业"特"的同时，必须进行多产业跨界融合才能确保小镇产业链的内生活力。

### 1. 产城融合共建，促进公共服务一体化

产城融合是新阶段经济发展的必然产物，符合城镇化发展的客观规律。有产必有城，有产则城立则城兴，有城无产则城衰则城空。产业自身发展，不仅能够为城镇居民提供各类产品和公共服务，丰富城乡市场供给，还能推进城乡资源平等流动，带动城市公共产品和服务向乡村延伸。要把产城融合共建摆在特色小镇建设的重要位置，树立"以产立城、以产兴城、以产聚人"的发展思路，实现产、城、人的融合发展。

## 2. 发展配套产业， 提高综合发展能力

在小城镇区域范围内，第一、二、三产业发展都具有一定的基础和条件。要结合各自条件和发展阶段，进一步挖掘产业内涵和潜力，推动相关配套产业发展。特别是要立足第一产业、做强第二产业、做活第三产业，大力发展农产品加工、乡村旅游、休闲农业等产业，促进产业功能拓展，提升产业文化内涵，实现第一、二、三产业融合互动，提高三次产业综合发展能力。

## 3. 推动产业聚集， 提高规模效应

产业集群发展是指相互联系又相互独立的产业，根据地区分布、专业化生产与经营的要求，发展各自优势产业，在空间与地域上进行高凝聚度的集合发展。在地区范围内进行产业聚集抱团发展，一方面能够有效节约商品生产成本，另一方面能够增强产业活力，促进形成产业竞争的良好氛围，提高产业综合竞争力。

一个完整的特色小镇生态系统，通常分为核心产业、衍生产业和配套产业三个层级，由内而外实现共荣共生共享。单一产业难以为继，统一运营才能协调发展。而融合的关键是产业链的挖掘、细分和创新。只有将当地的特色文化、资源等进行充分挖掘，并通过创新手法进行加工、传播、体验，才能实现核心产业向衍生产业过渡，激发产业活力，最终实现投资效益最大化。

因此，建设特色小镇要打造具有多业态汇聚能力的综合性平台，依托资源整合能力，吸纳各个业态的行业资源。在此基础上，融合政策、资本、商业的力量，以人为根本，率先实现人才的聚集，进而带动多产业的协同发展。

# 三、紧凑型、 集约化、 产业化发展是特色小镇建设的突破方向

特色小镇区别于行政区划单元上的小镇，它相对独立于市区，有

明确产业定位、文化内涵、旅游特色、生活社区功能的发展空间平台。

发展特色小镇要改变单纯求大思维，要追求"小而美"，特色小镇的小尺度、近距离、微景观是其发展的优势。应在小而特、小而优、小而美、小而精上多下功夫，从追求规模到追求质量转变，才能探索出更广阔的前景。小城镇不要克隆大中城市形态，要突出自身的地方特色，包括地方人文特色、自然风光特色、产业特色、建筑特色、旅游特色等。

### 1. 从资源优势出发，确定主导产业

产业是城镇健康发展的基础，一方面根据当地的人口结构、文化资源、产业基础进行合理规划，因地制宜发展当地特色产业，根据区域定位确立小镇的主导产业，科学规划设计特色小镇建设与生态产业发展，依靠支柱产业，做好重点产品营销，引导市场发展；另一方面在特色小镇建设过程中预防恶性竞争与重复设计。

### 2. 培育龙头企业，发挥带动效应

龙头企业是一个地区产业发展的代表，在一定程度上代表地区产业发展水平，因此在建设特色小镇产业生态的过程中，应在用地面积、财政支持、税费优惠等各方面加大对龙头企业的扶持力度，鼓励龙头企业引导产业链条上的个体经营商户、小型企业发展，建立健全公平合理的利润分配制度，充分发挥龙头企业对于当地产业经营发展的领导与带动作用。

### 3. 突出特色优势，创新品牌市场

建设特色小镇，主要体现是特色产业、特色产品和特色服务。发展特色产业，不能墨守成规、不能千篇一律，要加强创新和品牌建设。大力开展品牌创建，发展品牌产业、品牌产品和品牌服务，提高品牌的知名度、美誉度，用特色品牌占领市场。特色小镇重点在特色，只有紧紧抓住小镇特色并充分开发，才有可能打造特色产业。

# 第二节 精武镇发展特色小镇的措施与建议

为了推进精武特色小镇全面发展，需要加强政府的指导和调控，充分发挥市场资源配置的基础性作用，建立和完善促进开放合作的体制机制，通过自身努力与各级政府支持相结合，在现有基本格局之上，以体制机制创新为突破口，建立和完善综合配套政策体系和组织架构，统筹协调，先行先试，着力从政策引领、挖掘资源、基础设施、人才引进等方面，汇聚创新要素、打通创新渠道、营造创新环境、完善创新支持，形成多元化、多层次的服务保障和政策措施新局面，提升小镇影响力与整体竞争力。

①全力推进新型工业化。坚持以规模化、高新化、集群化为方向，依靠项目带动，强化产业支撑，突出抓大扶小，增强创新能力，不断优化工业结构，提升工业发展水平。②大力发展现代服务业。坚持以优化结构、提升层次、扩大规模为重点，构建与新型工业化相配套、与城市化进程相协调、与城乡居民需求相适应的现代服务业体系。③千方百计提高居民收入。实施城乡居民收入倍增计划，稳定和扩大就业以增加工资性收入，鼓励和支持创业以增加经营性收入，扩大投资渠道以增加财产性收入，提高财政对社会保障投入以增加转移性收入，逐步实现居民收入增长与经济增长相协调。④大力改善城乡生态环境。坚持以造林绿化为重点，加快生态文明建设。突出抓好沿山、沿河、沿路、环湖绿化，创建一批绿色园区、绿色厂区、绿色校区、绿色社区。以个性打造城镇品牌、以产业彰显城镇特色、以文化提升城镇品位、以环境吸纳人口聚集，加快推进小镇建设，突出抓好特色产业培育、基础设施配套和生态环境建设，提高小镇综合承载能力。

按照方便生产生活的要求，科学规划布局，建设成为产业特色鲜明、基础设施配套、生活环境优美、民族文化浓郁的小镇。

## 一、重视政策引领，加强科学规划

政策是先导，是精武特色小镇发展的首要条件。政策机制不仅是精武特色小镇建设的首要动力，而且能够弥补市场机制的不足，对精武特色小镇建设起着重要的作用。精武特色小镇建设必须坚持"先规划，后实施"的原则，突出规划的科学性和前瞻性，争取实现多规划融合，统筹考虑项目建设与城市发展相协调、公共设施与人口布局相协调、自然环境与人文环境相协调，努力实现小镇生产功能、休憩功能、文化功能和生活功能的有机统一。不断完善精武特色小镇规划体系，以总体规划为指导，结合生态保护、历史文化保护、农地保护要求，加快推进特色小镇总规划、控制性详细规划和修建性详细规划、新社区规划，以及道路、公共设施等专项规划编制，强化各类规划衔接，形成层次分明、结构完备的规划体系，做到区域功能定位科学、城乡空间布局合理、公共服务和基础设施均等覆盖。此外，要力求保护传统与求新发展协调统筹，推进城镇规划设施现代化、生活富裕化、环境宜居化、城乡一体化，但不能抛弃小城镇的优良传统，注重传统与现代的协调发展。

第一，精武特色小镇在发展过程中应坚持以《精武镇第十三个五年规划纲要》《天津市文化产业特色示范镇创建方案（精武镇）》为依托，做好小镇在总规划、控制性详细规划、道路及基础设施等方面的规划。依靠精武特色文化，做好特色小镇差异化发展，将精武镇打造成为世界精武文化旅游目的地，同时结合工业文化、爱情文化、休闲文化、教育文化、商贸文化、农业文化打造主题不同的区域板块，将精武镇建设成为天津城市客厅、地标性文化休闲名片，西青生态活力新城的文化休闲中心。

第二，注重增强服务职能，为小镇的建设提供良好的环境。调整在经济发展中的位置，建立服务型政府，转变观念、增强意识，服务于主导产业的定位与发展。通过完善审核制度，简化政府办事程序，提高政府办事效率，对经济发展环境做出改善。这样可提高对大型企业的吸引力，促进龙头企业的发展。同时也给市民日常生活提供了便利，从而获得认同感和归属感。精武镇政府应转变管理理念，做好服务型政府建设，整合政府内部资源为企业提供便利，同时与上级相关部门沟通，建立企业注册、税务、审计等方面的绿色通道，为符合小镇发展的企业提供优质服务。

第三，组建精武镇产业发展领导小组。建立由天津市西青区主要负责领导任组长的精武镇产业发展领导小组，着力加强顶层设计，立足比较优势、立足现代产业分工要求、立足区域优势互补原则、立足合作共赢理念，以"统筹规划、预留空间、逐步实施"为原则，以优化区域分工和产业布局为重点，以资源要素空间统筹规划利用为主线，以构建长效体制机制为抓手，统筹协调市区发展改革委、科技委、工业和信息化局、国土资源局、财政局等相关行政部门，整体落实国家在京津冀一体化、新型城镇化、投资贸易便利化等方面的专项改革工作，明确产业发展的功能定位、产业布局、设施配套、综合交通体系等重大问题，组织开展先行先试的体制机制创新试点，在土地开发、基础建设、项目审批、财税、投融资、技术创新、知识产权、对外贸易、人才培养引进等方面给予积极支持。

第四，深化简政放权改革，促进政府职能转变，评估清理现有行政审批事项，尽可能减少行政审批事项，确需保留的，要精简审批流程，严控审批时限，公开审批标准，提高审批效率，规范审批程序。

建立健全多部门协同服务机制，开展行政审批权下放试点工作。完善行政监管制度和政府信息发布制度，推进政务公开，建立健全政府相关部门信息共享和工作联动机制。

## 二、深入挖掘资源， 重点突出特色

特色资源是精武特色小镇发展的前提和保障。纵观世界著名特色小镇，大多是依托当地资源，融合当地特色，走出了一条因地制宜的发展之路，从而形成了自己的特色。精武特色小镇建设首先要立足自身环境和资源禀赋，充分把握区位优势、资源优势和产业优势，在尊重历史、尊重规律的前提下，把城市、产业、居民作为一个整体。对当地农村的资源禀赋和乡村传统文化等进行系统梳理、综合利用，然后围绕优势资源延伸拓展产业链，带动相关产业发展。

第一，尊重自然规律，不能急于求成，坚持生态、文化与功能的统一，实现自然与人文的协调。杜绝冒进式开发，杜绝人为的主观臆断。精武特色小镇在发展过程中要充分挖掘现有文化资源，尊重自然规律，建立人与自然的连接。总体思路是：以现有基础如精武门·中华武林园、霍元甲文武学校和西青郊野公园做支撑，提升打造精武文化5A级景区，发展精武文化旅游，打造精武印象板块；以天仙配老槐树做支撑，打造富家湾爱情小镇和高新创意农业园，发展城市休闲旅游项目，打造精武新城板块；以现有永红工业区、牛坨子进士文化做支撑，提升打造永红时尚文创空间和牛坨子进士村，发展文化创意项目，打造文创意境板块。这三大板块发展过程中更应该重视因地制宜的发展，不仅要做好对传统文化的保护及创新开发，还要做好对传统遗址的保护，做到修旧如旧，避免出现单一的同质化开发。

第二，追求建筑特色和艺术风格之美。从精武特色小镇功能定位出发，注重城市形象塑造，设计个性建筑风格，系统打造软环境，实现小镇特色之美。这种特色美是自然与人文、历史与时尚、传统与现代的完美结合，而不仅仅是高楼大厦的现代化之美。结合小镇传统文化，修缮整饰古建筑，特色小镇旅游开发强调小镇原有的文化意蕴与特色，科学合理地修缮和保护古建筑群的原真性是历史文化给予旅游开发的重要使命。恢复建筑风貌，修缮维护古建筑的传统格局，对文化遗存的整饰保留应在使用材料、色彩等方面严格要求其与古镇风貌相协调。开发前期对小镇进行科学合理的规划设计，深入挖掘小镇的历史人文元素，保护古建筑遗存，注重民俗特色。精武镇应结合精武文化强化城市设计和品牌塑造，突出精武自然人文特色，打造有辨识度、独特性的城市空间，让人能停下来、留得住。建立地域特色鲜明的城镇品牌推广体系，充分利用传统媒体和新媒体，策划和举办节庆活动、推介活动，宣传精武品牌和形象。推动镇域道路命名、路标设计地域化、特色化。

第三，集约集成，精益求精。贯彻"小而精"的原则，反对"大而全"的做法，依据小镇实际情况，确定精武小镇风格，做好形象设计，建设精武特色精品小镇。以精武文化为基础，以精武文化元素与地域文化元素为创新的原材料，将历史传说、事件、名人古迹等作为开发题材，设计出具有差异性、创造性的旅游商品。在包装材料的使用及形象设计上，充分融入历史风情与民俗文化，给旅游商品赋予浓厚的地方文化元素，体现魅力与特色；其次，在工艺加工方面，又不能失去传统旅游商品的原真性。当然，在科技发达的今天，传承保护历史文化不能排斥创新，只是创新过程中坚决不能让传统文化元素流失。因此在利用现代技术对旅游商品进行深度开发时，必须深度融合古镇文化元素，生产出承载着地域和民族特征的旅游商品。

第四，保护"非遗"文化。强调非物质文化遗产在民众生活当中的生命力、历史传承性和在现实当中的实际功能。传统只有在对当今社会生活发挥积极作用时，才能体现其自身的价值，否则是没有实际意义的。对居民生产生活方式的保护首先要坚持"以人文本"，在此基础上将非物质文化遗产代代相传，不断推进发展。保护传统的生产生活活动，也是对精武特色小镇历史文化与环境特色的活态传承。精武镇应将具有比较优势的非物质文化遗产作为核心文化创意业态进行重点打造，以使其成为带动整个地区非物质文化遗产开发的"增长极"，并通过该业态的极化效应，辐射相对弱势的业态，有利于当地基于非物质文化遗产开发的各类文化创意业态形成共生共振，从而在小镇内部构建出协同发展的文化创意业态圈。在旅游开发项目中，适当利用具有特色的生产、生活元素，通过利用现代科技、新能源等手段，避免非物质文化遗产污染。做好外围防护，通过截污、治理污染源，构建自然生态屏障的手段，防止外部污染。精武特色小镇旅游要以小镇本身为一个生态文化物化的载体。在生态文化理念下构建精武特色小镇，可使小镇的旅游开发与社会、环境及社会人之间和谐共处，共同发展。作为西青区非物质文化遗产的草柳编技艺，要利用好该"非遗"资源，发挥"非遗"传承人的作用，通过借助新技术与"非遗"的融合，将"非遗"有关的历史、技术发扬光大。

## 三、完善基础设施， 提升配套服务

基础设施建设是推进精武特色小镇必不可少的物质保证，是实现区域经济效益、社会效益和环境效益的重要条件。因此，精武特色小镇建设需要加大基础设施和公共服务网络体系建设，提升公共服务能力；还要重视与周边大城市的合作，共享城市的基础设施与人文社会资源，与大城市相联系可以高效利用大城市的医疗资源、教育资源、信息资源、科技资源和人才资源等。同时，精武特色小镇大力发展绿色产业等，可以缓解大城市的压力，增加精武特色小镇发展的动力。应该落实放宽城镇落户政策，实行居住证制度，有序推进农业转移人口市民化，优先将长期生活在小镇并拥有稳定劳动关系的人口转为城镇居民，赋予与当地居民同等权益，让转移人口在心理上逐步融入城镇。稳步推进基本公共产品和公共服务对常住人口和户籍人口的全覆盖，实现子女教育、医疗服务、劳动报酬和社会保障等的共享，让转移人口分享小镇文明成果，提升幸福感，从而更好地融入小镇的生活和建设中，实现共建共享的有机统一。

第一，完善相关金融政策。通过健全融资机制和筹资机制，促进银行和企业合作，通过创新金融体系，为企业贷款提供便利。另外，由于政府与企业合作会存在风险分担的问题，因此有必要制定风险分担的原则和机制，制定风险补偿、信用担保等政策，消除企业参与精武特色小镇建设的顾虑，提高其参与的积极性。在融资方式方面，可采用PPP模式增加民间投资的参与，民间企业的参与既可以利用其先进的技术和管理经验，又可以为政府节约生产管理成本，同时促进了精武特色小镇建设模式的创新。具体可通过制定税收优惠政策，在建设全寿命周期的不同时期对税收给予一定的降低或免收的优惠政策，减小社会企业的压力。政府应发挥自身优势，保证基础设施的投入，完善配套设施，对社会投资者更具有吸引力。最后，还要注意侧重于对当地本土投资者的吸引，只有将社会资本留住，使其扎根于精武特色小镇，才能真正地提升当地的产业链，调整产业结构，促进经济发展。

第二，完善市场体系。加快对特色项目、重点项目的培育扶持，尽快建立具有本地区特色的特色产品生产销售体系，形成规模效益和品牌效应。革除区域障碍，加快人才、创意、版权、技术等特色产业核心要素的自由流通。大力发展中介机构和行业组织建设，注意发挥经纪、代理等中介服务机构的作用，为各类企业单位提供专业化、社会化服务。注重交流与贸易相结合，政府推动与企业市场化运作相结合，构建完善的市场体系，激发市场活力。

第三，重视体制创新。通过不同区域层次发展规划中的相关规定，合理安排精武特色小镇的发展方向与空间布局，充分利用不同层次中的优惠政策，发挥精武小镇的特色优势。通过增强小镇与周围城市之间的配合与协调，合理安排小镇的建设方案。产业的选择需要首先考虑历史和区域的产业特点，从小镇的资源条件、人口结构、产业基础等禀赋出发，因地制宜、深度挖掘产业的内涵及增长点，确立主导和支柱产业，进而为相关要素资源的集聚提供配套的扶持政策和优惠政策，以要素资源的积累作为产业长期可持续发展的首要基础。在精武特色小镇建设中，一方面，要推动周边村庄的整合归并，优化行政区划与空间布局，从而推动土地、资金以及外部资源要素向小镇集聚；另一方面，应制定优惠政策吸引人才流入，鼓励本地高素质人才回流，特别是与高校、职校进行合作，引入小镇建设所需的高端人才。

第四，与政策性银行和国有商业银行深入合作，为企业提供全方位金融服务。加强与中国人民银行、国家开发银行、国家进出口银行等政策性银行的全面合作，支持中国工商银行、中国建设银行、交通银行、中国农业银行等国有商业银行为文化企业提供金融服务，在政策保障和重点文化项目金融业务的协调等方面给予支持与协助，在法律法规和银行规章制度允许的范围内，积极向优质项目等提供全面的金融创新产品和服务。发挥政府统筹协调优势，加强与其他产业规划管理部门、担保、评估、产权交易等相关机构的交流沟通，积极争取上述部门对文化企业融资工作的关注和支持，为融资创造良好环境。

第五，鼓励社会组织广泛参与。成为组织群众文化团体建设、指导群众文化活动、营造日常文化生活氛围的中坚力量；全面调动广大群众成为公共文化的主体，充分发挥"文化人"在日常文化生活中的重要作用和影响力，推动基层公共文化自治。同时，完善精武小镇基础商业、社区配套设施建设，完善旧城区改造中的道路建设和社区建设，完善精武小镇及周边医疗卫生、康体保健、文化娱乐等便民生活设施的建设和管理，完善精武小镇的配套文化消费设施建设。加强全民文化艺术教育，提高人文素养，推动转变消费观念，激发创意和设计产品服务消费，鼓励有条件的地区补贴居民文化消费，扩大文化消费规模。

第六，优化精武小镇公共服务平台建设，促进集约化、特色化、专业化。以解决企业共性需求为重点，在现有各主要功能园区的公共服务平台基础之上，根据不同发展阶段的文化企业需要，提供包括创业孵化、金融服务、技术服务、产业升级、展示交易等在内的一揽子政策扶持措施，整合优化配置各类资源，聚焦重点产业、重点品牌、重点区域，加大对传统产业带动性强的项目和行业的扶持力度，深入推进专业聚集园区建设，完善特色布局和服务功能，实现项目集中园区、产业集群发展、资源集约利用、功能集成建设，不断扩大文化产业集聚效应，增强整体实力和竞争力，推动文化产业向规模化、专业化、特色化方向发展。

## 四、完善招商计划，引进优质资源

第一，周密部署招商计划，发挥产业促进与协同作用。制定明晰的项目推广与招商计划，将重大项目并入天津全市的招商计划中。全力针对大型龙头文化企业进行项目的招商引资工作，尽量形成"政府引导、大型企业龙头带动、中小企业积极参加"的开发格局。整合小镇资源，明晰产业定位，重点引进一批科技含量高、创意附加值高、低碳环保的知识密集型项目。实施"大企业引领，大项目带动"策略，招大引强；重视搭建产业链，实现对规划区域内产业的上、中、下游企业、配套企业及关联产业企业的吸纳引进；坚持招商与引智相结合，招产业项目与金融投资相结合。

第二，充分发挥产业促进中心的作用，推进产业招商，明确任务，明晰职责，努力形成上下联动、内外兼顾、平行协同、全员参与的招商引资队伍。一是强化组织领导，加强招商主动性。实行重大项目一把手负责制，小镇领导干部树立带头招商、主动招商的意识，亲自跟踪重大项目洽谈和落实工作。二是明确职责分工，落实项目建设。明确引资项目落地统筹、项目调度管理、督查、督办等职责分工，实行全员招商，制定招商考核标准，强化管理。实施季度汇报、年度考评措施，明确招商奖励措施。按照优势优先优选原则，按公务员队伍的1%配强专业招商力量。三是立足天津，协同推进。小镇要做好与市区发展改革委、经信委、商务局、人社局、住建局、旅游局等单位协同招商合作，四是组建驻外招商机构。组建外市、外省驻点招商联络机构，加强与外地企业尤其是大型企业的联络，吸引商会大厦入驻企业。

第三，创新招商策略，完善招商服务和宣传推广保障。建立针对性、差异化、常态化招商策略。一是围绕重点产业，实行重大项目跟踪服务机制，领导人负责制。二是实现特色化、针对性服务机制，明确规划区产业布局中各重大项目的招商定位，开展一对一、点对点服务，实现特色化、差异化、创新型招商策略。三是实行常态化招商机制。建立文化科技项目常态化招商跟进机制，加快文化创新成果转化。四是建立招商奖励机制。对引进特大项目的组织和个人给予经济奖励，从资金、人力等方面对招商引资工作给予大力支持。

第四，完善招商服务保障。一是继续推进招商软环境建设。继续推进天津市内招工作中的优惠举措，完善绿色通道，切实改善招商软环境。做好入驻小镇企业的协调服务和项目申报工作、审批管理程序，特事特办、简化审批手续，为外地企业落户提供全程代办服务。二是搭建完备的招商信息查询和服务平台建设。

第五，完善进入优惠政策体系。精武特色小镇建设已经得到了市区领导的大力支持，针对小镇后续的顺利建设和实施，仍需要各级政府的大力政策支持。要认真执行国家和市区支持特色小镇发展的相关政策，继续保持原有优惠政策的稳定。在审批政策方面，完善小镇管理条例等法规制度建设，明确政府、管委会、职能部门与开发运营机构之间的关系和各自的职能；建立行政审批绿色通道，简化合作共建园区项目核准、备案等管理程序，提升项目报批效率，为项目尽早落地开工创造有利条件；迁入企业在其他地区评定的管理类别，来合作共建园区后予以办理相应的工商、海关、外汇管理类别；对项目建设特殊事项实施个性化服务，根据项目投资强度、技术含量、规模效益等给予一事一议、特事特办的审批政策。

## 五、树立生态理念，发展新兴产业

人居环境要围绕地区开发、城乡发展等诸多问题进行研究，重视城市环境建设。精武特色小镇的建设秉持绿色、低碳的发展理念，贯彻可持续发展的思想，注重对区域内生态环境和历史文化遗产的保护。同时，还需做好历史文化名城、历史文化传统街区、文物古迹和历史建筑的保护工作，严格控制小镇内文化遗产及其周边的建设、开发活动。精武特色小镇的内容建设必须体现更具深度的文化内涵，突出所在地的文化、历史、建筑、人文等方面特色，将产业、文化、旅游、社区等功能聚集并融合起来。这种融合不是一种机械式的叠加，而是将经济功能、文化功能、生态功能、社区功能有机地融合在一起，形成一个完整的共同发展空间。精武特色小镇的建设不应只是打造一个单纯的旅游风景区，而是应当建立起一个综合性的文化生态旅游产业集聚区，将景点、服务业、小商品制造、居民日常生活、建筑、教育、公共卫生及生态保护等方面整合成为良性循环的产业生态链。

第一，发展生态农业。保护自然山水生态文化主要指文化在一种特定环境中的延伸及创新，强调人与自然之间相处关系的和谐统一；提倡绿色环保的生活方式；重视人文道德的文明程度；使人们在生活中既能真正了解自然，保护自然；又能崇尚自然，享受自然。精武特色小镇的发展理念是结合生态、社会、文化、经济、制度多维度构建，以人为本，天人合一。精武特色小镇的建设，要完成制度供给的创新。凡是国家改革试点的领域，精武特色小镇优先审批、实施；凡是法律允许的改革，精武特色小镇可以先行突破。以"开放系统"进行建构，这是一个动态的过程，同时也是一个结果，要不断完善和超越。

精武特色小镇的建设要尽可能推动当地居民的就业或自主创业，探索就地、就近城镇化的路径。在打造休闲农业板块应着重发挥休闲农业在这方面的作用，加快生态旅游功能开发，做优炒茶品茗、特蔬采摘、农事体验等休闲项目，深耕食用菌、光伏茶、有机蔬菜、园艺苗木四大品种，在规模化种植的基础上，利用科技化手段提高农业附加值，努力打造天津"伏茶庄园"和"光伏菇乡"，形成集科技农业、体验农业、创意农业、品牌农业、定制农业于一体的现代都市农业样板项目。完成宽河村农业园区建设，发展休闲观光农业。做好搬迁村庄复垦区域农业种养殖园区规划，及时跟进农业园区建设。同时，可借助外部力量支持当地居民的生产和销售，发展合作生产、订单式生产、链条式销售等现代生产经营方式。小镇的建设需要优化教育、医疗、文化、体育、便民服务等公共设施和服务，为当地居民提供更为优质的社会福利保障。精武特色小镇应是宜居之地，所有的规划设计必须体现小镇生活的舒适和便利，构筑人与自然的和谐关系，以完善、优质的社区吸引高精尖企业和人才的长期入驻。

第二，加入科技元素，发展体验经济。精武特色小镇的建设，要在突出物理空间和文化传承特色基础上，逐步以"虚拟建构、智慧运营"的思路，在互联网、物联网和智能领域上构建"互联网+物联网+智联网"超越性的大系统，完成"集聚经济、共享经济、智慧经济"的融合。物理空间的破坏，很难修复和再生，在智能化发展的今天，信息、技术、交易都可以近乎零成本跨越物理界限实施对接。

将学府科创广场作为"孵化加速平台"，承担创新、研发功能；学府商务大厦作为"服务平台"，承担集中展示、咨询服务功能；学府物联网产业园、慧谷工业园作为"产业平台"，承担产品中试、规模化量产功能。启动天津国际大学科技园双创基地建设，引进哈尔滨工业大学机器人产业研究院，加快智慧物联信息技术研究院、天津工业大学精武产业研究院建设。大力高水平建设国家自主创新示范区，用足用好自创区政策和大学城资源优势，增强校地合作、院地产学研合作，建设产业技术创新联盟。发挥创新平台孵化加速作用，加强科技创新成果转化及市场推广，将科技成果转化成实实在在的经济效益。

精武特色小镇在建设和运营中要充分发挥信息经济和互联网思维，拓展产业功能和产业文化内涵，并推动相关配套行业的发展。一是通过"互联网+"的方式对传统产业进行升级和整合。二是将当地全体居民纳入小镇的规划、宣传和营销中，强调小镇建设中人的参与，通过自媒体等渠道参与到信息的分享与流动过程中来。三是利用移动互联网、物联网和各类应用客户端实现管理集中化、资源跨界和服务人性化，打造智慧城市。电子商务的繁荣让许多原本不具有区位优势的小城镇有机会参与到市场经济的竞争合作之中，享有网络经济带来的空间平等。信息的传播可以打破地理空间的限制，使得一些位置偏僻的乡镇也同样能与外界发生紧密的经济联系。精武小镇要通过走信息化带动工业化的新路，使得本地居民有条件实现就地城镇化，甚至能够吸引外来人口的聚集。

第三，影视服务业。精武镇要在霍元甲影视作品及影响力的基础上，大力发展与影视有关行业，通过政策先行，通过土地、投资、财税等政策吸引投资，吸引知名影视机构入驻。整合全市影视资源，努力探索新形势下的影视传媒业的发展模式，积极拓展影视市场。按照现代企业制度，采取收购、重组、兼并、合作等资本运作方式，筹建影视传媒集团。同时，借鉴横店模式，通过影视剧的拍摄，扩大星海湖文化产业园知名度，吸引游客，扩大客源群体。与文化旅游业相结合，利用霍元甲等人文资源建设大型影视制作基地，加强武打、近代史特色题材影视基地建设，以影视作品提升精武镇的知名度。引进并培育一批一流的民营影视企业。大力推进高新技术与影视传媒产业的结合，形成节目、广告、网络、手机新媒体四大主业并举，相关产业多元发展的影视传媒产业发展格局。

第四，演艺娱乐业。解放思想，突出特色和创意，以区域特色文化为主要载体，积极创作贴近群众，老百姓喜闻乐见的节目形态。重点打造大型声光电综合演艺节目，利用全息影像技术等高科技提升技术含量，利用霍元甲等人文资源，开发大型的实景演出，打造能够让游客喜欢的文化演艺产品。加强对演艺娱乐业发展的规范和引导，加强统一包装、统一规划、统一设计、统一发展，形成规模，延长链条，推进演艺产业专业化。加强演出网络建设，加强演出单位与传媒业、旅游业及大型企业集团的联合，增强演出娱乐业的活力和发展后劲。

第五，体育休闲产业。积极拓展体育休闲产业的外延，按照现代产业理念融入文化概念，建设符合多元文化品位的产业，创新健身休闲业的经营方式。加大无形资产的开发利用力度，通过活动冠名、友情赞助等多方式、多层次开发运作，建设和盘活体育健身设施。在场馆的使用上，广泛发动社会力量，将场馆推向市场，让其发挥更大的市场经济效益，做到霍元甲武术与群众体育休闲相结合。加快建设多层次、全方位的健身休闲市场，加快发展群众喜爱的健身气功、武术、秧歌、风筝等民族传统健身项目，积极引导休闲健身市场的发展，鼓励开办健身俱乐部，拉动城乡体育消费水平的提高。

## 六、重视政策倾斜，推动小微企业发展

第一，制定成长型小微文化企业的扶持计划，积极破解文化企业特别是小微文化企业"轻资产"、融资难的困境。加大国家新兴产业创投计划实施力度，按照"政府引导、规范管理、市场运作、鼓励创新"的原则，鼓励新兴产业创投计划参股创业投资企业，进一步加大对战略性新兴产业和高技术产业领域小微企业的投资力度，在科技创新、战略规划、资源整合、市场融资、营销管理等方面，全面提升对创新型小微企业的增值服务水平，促进创新型小微企业加快发展。鼓励市级备案管理部门积极开展创业投资企业、股权投资企业与小微企业的项目对接活动，促进创业投资、股权投资资本的投资需求与小微企业融资需求的有机结合。

第二，支持符合条件的创业投资企业、股权投资企业、产业投资基金发行企业债券，专项用于投资小微企业；支持符合条件的创业投

资企业、股权投资企业、产业投资基金的股东或有限合伙人发行企业债券，扩大创业投资企业、股权投资企业、产业投资基金资本规模。扩大小微企业增信集合债券试点规模。贯彻国务院《关于"搭建方便快捷的融资平台，支持符合条件的小企业上市融资、发行债券"》（国发〔2012〕14 号）的精神，在完善风险防范机制的基础上，继续支持符合条件的国有企业和投融资平台试点发行"小微企业增信集合债券"，募集资金在有效监管下，通过商业银行转贷管理，扩大支持小微企业的覆盖面。出台财政配套措施，采取政府风险缓释基金、债券贴息等方式支持"小微企业增信集合债券"，稳步扩大试点规模。

第三，鼓励发行企业债券募集资金投向有利于小微企业发展的领域。鼓励政府投融资平台公司发债用于区内小企业创业基地、科技孵化器、标准厂房等的建设；用于完善技术、电子商务、物流、信息等服务平台建设；用于中小文化企业公共服务平台网络工程建设等，鼓励发债用于为小微文化企业提供设备融资租赁业务。支持中小型文化企业发行企业债券用于企业技术改造，包括开发和应用新技术、新工艺、新材料、新装备，提高自主创新能力、促进节能减排、提高产品和服务质量、改善安全生产与经营条件等。清理规范涉及企业的基本银行服务费用，完善银行收费定价机制。加强对商业银行收费的监管，把规范银行收费行为作为清理治乱减负的重要内容，重点查处商业银行审核发放贷款过程中强制收费、捆绑收费、只收费不服务、少服务行为，以及明令取消的项目继续收费、自立项目收费等行为。彻查违规行为，整肃经营环境，切实降低小微企业实际融资成本。

## 七、引进专业人才，奠定发展基础

精武特色小镇深度开发的核心是文化资源，而开发顺利进行的核心是人力资源。特色小镇开发建设是一项综合性较高的活动项目，专业人才将是这一活动项目成功实施的基础动力源，也是整个开发过程的总指挥。能否充分利用专业人才并有效将其所掌握的专业知识应用于实践，是关系到小镇旅游开发能否顺利进行的关键。增强与周边大学的合作，建立大学生实践基地，供专业对口的学生实践，将小镇建设成为大学生创新创业的转化基地。同时，针对毕业大学生的就业需求，制定具有吸引力的政策，吸引人才就业。

第一，制定精武小镇人才发展规划，完善人才认定与扶持体系。制定精武镇文化创新人才发展规划，建立健全文化创新人才培养、引进、使用、流动、评价等制度，加快建立文化人才引进、培养、任用和激励制度，为小镇内的人才发展提供服务和保障。支持小镇内的组织根据需要引进高端领军人才和高层次人才。有关部门应当根据国家和天津市的有关规定为高端领军人才和高层次人才在企业设立、项目申报、科研条件保障、户口或者居住证办理、房屋购买和租赁等方面提供便利。

第二，制定精武镇文化人才认定与扶持管理办法，在充分调研的基础上，制定区域文化人才的认定、分类、分级体系，实施文化人才的标准化管理和扶持。加强文化人才职业资格认证和分级制度，通过规范文化人才职业资格认证和分级，确保文化从业人员的质量。通过国际文化人才职业资格认证和分级制度，从人才角度与国际文化发展接轨。

第三，完善人才服务体系，建立人才服务中心，拓展人事代理服务，为人才的流入提供优质的服务。对区域急需的优秀和特殊人才，在住房、职称评定、家属随迁、子女教育、社会福利等方面给予政策倾斜。大力发展人才市场，使人才市场成为人才资源配置的主渠道，真正赋予用人单位与人才双向选择的自主权，建立公正、合理、有序的人才流动机制。

第四，积极响应大学生志愿服务计划，在具有科技、农业背景、品牌传播背景的高等院校中招募若干优秀志愿者，为建设精武特色小镇人才队伍注入活力；加大人才引进力度，以引进建设型人才、企业管理型人才、品牌宣传型人才为对象，加快引进人才"绿色通道"和建立"一站式"服务机制，大力发展人才市场，使人才市场成为人才资源配置的主渠道。

第五，加强人才培养。一是加强专业人才培训按照"发展什么培养什么、干什么培训什么、缺什么培训什么"的原则，依托天津市相关专业性职业培训学校，围绕精武镇重点发展领域，加大职业技术教育培训力度；加强专业人才培训，建立一批专业高级、中初级人才培训基地，尽快形成精武镇人才培训体系。二是加强干部队伍培养。通过对现阶段在重要岗位的相关负责人分重点、分批次地选送到国家相关重点大学或相关机构进行短期专业化知识的培训学习，让精武镇干部队伍在短时间内实现转变，提升干部队伍的整体素质，为精武特色小镇发展提供重要支撑。

## 八、树立宣传核心，扩大小镇影响

第一，以推介精品项目、打造品牌活动、塑造小镇形象作为着力点，确立总体营销思路，建立小镇形象识别系统，构建多层次的外宣格局。以镇党委宣传部门为核心，加强各有关部门间的沟通联络，建立各部门宣传合作机制，积极推介精品项目，突出品牌建设重点。

第二，借助媒体宣传，提升精武小镇品牌知名度。充分利用电视广播、报刊、互联网、客户端、路边广告牌等媒体进行品牌宣传，宣传名牌战略、名牌政策、名牌产品、名牌企业，在全社会营造注册商标、利用商标、争创品牌、保护品牌、使用品牌的浓厚氛围。在网站、客户端等开设品牌宣传专栏，积极挖掘、培养、宣传全市涌现出的典型，通过对名牌的典型宣传，让名牌兴企、质量兴镇理念更加深入人心；充分利用国内外相关展会平台、投资洽谈会和旅游节庆等机会，大张旗鼓地开展精武特色小镇品牌宣传推介活动；互联网成为现在最具有发展潜力的传播渠道，政府和各品牌创建主体都要加强互联网的利用，通过网络进行品牌传播。

第三，着力培育精武小镇品牌。精武小镇的可持续发展应当以打造一批有小镇特色的品牌为重点。深入挖掘提升小镇文化产品和服务的文化原创力，将精武小镇先进的文化个性、文化特色物化到文化产品的品牌塑造以及服务质量、理念等过程中，提高商品文化的内隐价值。挖掘小镇内的老字号等文化资源，吸收现代制造业理念、自动化生产理念和工业设计理念，使用信息技术、环境技术、材料技术、安全技术等将其与现代美术、现代音乐等相结合，发展推动精武小镇文化产业老字号的新兴产品业态，使老字号的区域品牌变成国内品牌和世界品牌。以推动精武小镇协作发展为核心，制定精武小镇文化产业跨区域协同发展规划，鼓励企业整合创意、研发、生产及营销等上下游环节，进一步延伸精武小镇文化新业态产业链，发展以实现产业关联、产业协同为目标的精武小镇文化产业新型业态和产品。

第四，依照精武小镇特色地理环境、人文环境等，分析小镇城市文化、城市精神与城市形象，将创意设计融入文化形象开发中，利用形象化的表现手段来传达小镇的特征。挖掘与之相应的城市视觉文化符号，着力打造形象突出、特色鲜明的园区文化视觉符号系统。在天津市的机场、港口、火车站、长途汽车站、高速公路与国道旁、星海广场等旅游景点以及人流大、车流大的繁华地段，通过户外广告、标志性景观建设，圆雕、浮雕和透雕等多种艺术表现形式的设立，传播小镇文化视觉符号系统。完善园区基础商业、社区配套设施建设，完善旧城区改造中的道路建设和社区建设，完善园区及周边医疗卫生、康体保健、文化娱乐等便民生活设施的建设和管理，完善园区的配套文化消费设施建设。

## 九、借助外部力量，开展对外交流

第一，加强与京津产学研合作。组织企业直接与京津高校和科研院所进行技术对接或项目对接，充分利用京津丰富的资源，借智发展，通过加强合作，引进高校的先进成果，加速科技成果转化，接纳周边产业转移，加快精武镇传统产业优化升级，促进经济持续稳定发展。突破人才壁垒，将人才区域合作经常化，加强小镇与京津间的人才合作，实现人才资源共享。鼓励各类金融机构加大产品创新，推出多种适合文化产业和企业的科技与金融结合产品。

第二，建立公共数字化平台，整合京津冀地区的公共服务资源，打造政府公共服务的调查统计、需求分析、供需信息发布、统一采购、监督和评价于一体的综合服务平台，研发新型服务模式，提高公共服务的质量和效率。具体包括公共服务调查与研发、公共服务供应服务、城市服务需求分析、公共服务信息发布、公共服务统一采购、公共服务监管与评价以及版权管理服务等。

第三，积极开展文化品牌活动，拓展外部市场。继续举办精武门·中华武林园迎春庙会、天津风筝节、梦想家大学生音乐节等活动，整合全镇旅游资源、活跃市场。组织景区参加天津旅游暨民俗西青石家庄专场推荐会、天津西青休闲旅游购物季、中国天津投资贸易洽谈会、"5·19中国旅游日"天津西青主题活动和天津市旅游商品大赛。

第四，鼓励跨区域合作共建产业园，探索飞地经济模式，即在精武小镇划出一块区域，专门承接与发达地区政府间合作共建园区的项目，优质大型企业鼓励类项目，国内外著名高校、科研院所合作共建的项目等。按照"政府推动、市场导向、优势互补、互利共赢、因地制宜、特色突出"的原则，鼓励发展园中园、共管园、托管园、项目合作、贸易合作和交流合作等多种模式。

第五，拓展国际科技合作与交流渠道。充分发挥政府渠道和中介组织的作用，认真凝练合作重点，不断拓展对外合作渠道，逐步形成"政府引导、多方参与，统筹集成、突出重点，以我为主、互利双赢，为我所用、支撑创新"的对外合作态势，形成全市双边、多边、官方、民间等多形式、多层次、多渠道、全方位的国际科技合作新格局，为小镇经济建设、科技发展和构筑开放型科技创新体系服务。

第六，构筑对外合作基地。构筑对外文化科技合作服务平台，为企业和研发机构提供技术转移、最新科研成果、科技人才、技术咨询等方面服务。培育对外文化科技合作基地，推进与美国、日本、俄罗斯、加拿大、澳大利亚、欧盟等发达国家和经济体的合作，集成优势科技资源，培育对外科技合作基地和联合研发中心，加速高新技术成果在精武镇的产业转化。

基于以上发展措施及建议，以精武镇"十三五"时期提出的努力实现"转型发展、赶超跨越"为发展目标，通过筑就自创高地、打造商旅重镇、塑造武魂之乡，建设一个功能齐全、品位高端、生态优美、和谐宜居的美丽精武。

# 附录 1

# 国际、国内经验
# 特色小镇案例

近年来，我国特色小镇蓬勃发展，从中央到地方，从传统行业到新兴产业，从实体企业到金融领域等都谈论"特色小镇"，特色小镇迅速崛起。特色小镇建设正成为我国经济新热点。热潮之下，特色小镇已经不再是一个普通的地理概念和经济学概念，它是一个实实在在的集产业、文化、旅游和社区功能于一体的经济发展引擎。在西方发达国家数以万计的小城镇当中，能够成为全球特色小镇范本的也属凤毛麟角，可见，并非所有的小镇都具备成功基因，区位、产业、文化是国外知名小镇两大不可或缺的成功基因。以下将对国内外典型特色小镇案例进行分析。

# 一、 国际特色小镇发展案例

## 案例一 英国温莎小镇

### 1. 小镇历史文化悠久

温莎小镇位于英国伦敦以西 32 千米，濒临泰晤士河南岸。自威廉一世于 1070 年在俯瞰泰晤士河的高岗上兴建城堡以来，温莎以附庸城的身份逐渐繁盛起来，以至被称为"王城"。

温莎小镇是英国最著名的王室小镇，位于伦敦近郊，温莎镇街景上的标志性建筑温莎古堡是当时的君王威廉一世为了防止英国人民的反抗在伦敦郊区选址建造的。后来军事用途逐渐被削弱，取而代之的是用来展示国家威严并作为王室的活动场所。在经过历代君王的扩建与改造之后，19 世纪初期的温莎古堡已经成为了拥有近千个房间的奢华王堡。

温莎城堡与民居只有一街之隔，温莎的居民对自己住在城堡周围感到十分自豪，更以能在王室工作为荣。他们认为自己是英王的邻居，是"王城"里的人，因而处处表现得十分自豪和自信。

### 2. 小镇环境优美典雅

温莎小镇虽然面积不大，但是十分整洁，周围尽是典型的英国式建筑，给人的感觉是古典、绅士而又不乏浪漫的情调。

泰晤士河静静地流过小镇，也给温莎人带来了恬静的生活。他们虽然衣着平凡，但气质高贵。就连这位推着婴儿车的大婶，她的神情也好像是从城堡里出来休假一样，还带着宫廷里的含蓄与典雅。

### 3. 温莎小镇的发展经验

（1）小镇开放古城文化遗产和文物，并通过文化表演将古城文化变成娱乐产品，让古老的文化复活。

（2）小镇不仅注重文化旅游区的生态设计，而且还重视立体花卉装饰和绿化，以达到美化环境的效果。从游客角度出发，考虑到观赏和休闲结合，注重文化旅游内核的规划设计，将购物和餐饮娱乐结合，同时设置运动和咖啡厅、酒吧等休闲业态。

（3）小镇注重教育资源与文化旅游区域的结合，注重优秀学校对区域发展的导向作用，有利于高端度假别墅区的发展。

（4）小镇注重在文化旅游核心区设立购物中心和以特色产品为主的集贸市场，用文化创意思路设计农产品包装和营销方案，同时注重带动周边生态农业发展，让周边农民增加收入。

## 案例二　美国好时小镇

### 1. 小镇环境优美，产业基础良好

美国的好时小镇位于美国宾夕法尼亚州的好时镇，又名赫尔希镇，人口约 2.1 万，距华盛顿 203 千米，距哈里斯堡国际机场仅需 10 分钟车程。好时小镇是好时巧克力的总部所在地。小镇环境优美，周围群山环绕、依山傍水、郁郁葱葱，自然环境相当优美。

好时巧克力的创始人好时先生就出生于此，1903 年好时先生创建好时公司时，小镇还是一个少有人烟的牧场。刚开始，好时镇就是好时公司，小镇居民都是好时公司的员工。为了能够让员工享受和城市一样的公共服务，好时完善了小镇的基础设施，为小镇规划建设了道路、医院、体育馆、剧场、游乐场、温泉等基础设施和公共服务场所。目前，好时镇拥有 3 家现代化的巧克力工厂，产量达到了世界第一，每年生产 KISSES 巧克力多达 3300 万颗。

### 2. 小镇具有良好的文化休闲设施

据官方介绍，好时镇的好时巧克力公园最吸引人的地方是具有超大型的游泳池和 18 个球洞的高尔夫公园。好时镇还建有一个巧克力博物馆，博物馆里有展示巧克力制作的全过程，包括以巧克力为主题的 3D 电影院，以及好时公司曾生产过的数十个品种、上百种包装等。同时，小镇还建有好时主题乐园。

好时的符号也做成了其他的各类旅游纪念品，满足游客需求。好时，已经成为小镇的 IP，并将其符号化、特征化了。最典型的就是"巧克力大道"（CHOCOLATE AVENUE）和"可可大道"（COCOA AVENUE）等路牌，一看就是好时的文化符号，巧克力大道上的 128 盏路灯，灯罩也用上了"KISSES"巧克力的形状。每一处小细节和人造小景观都印上了好时的影像。

### 3. 好时小镇的发展经验

好时小镇是典型的产业小镇，小镇因工厂而生，因工厂而起。创始人好时先生是当时小镇唯一的工业资本家，工厂员工就是小镇居民，随着企业越做越大，工厂的利润投入到基础设施、公共服务等方面，完善居民的生活。随着好时巧克力的知名度不断提高，影响力增大，好时主题乐园建成后便自然而然成为了旅游区。好时小镇的建设不是由政府推动的，而是自发形成的，完全是工业资本推动小镇建设的典型，小镇的发展过程也是好时公司不断发展壮大的过程。

## 案例三  意大利丽晖谷小镇

### 1. 小镇环境秀美

丽晖谷位于阿尔卑斯山中段，位于欧洲两个最大的自然公园之间，是一条长而宽的峡谷。丽晖谷长约 18 千米，海拔为 1816 米。峡谷旁边的两列山脉抵挡了来自北方的寒风以及来自南方的湿气。冬天，丽晖谷的四周白雪皑皑，环境秀美，为意大利有名的旅游胜地。丽晖谷地势狭长，又夹在阿尔卑斯山中间，安逸恬静，小镇大多数家庭都以畜牧为生。夏天居民可以在山上自由放牧，到处可以看到土拨鼠、小羚羊、皇家鹰、长须秃鹰等动物。

村落由连绵不断的木屋及石屋构成。这里有建筑风格独特的天主教堂，开发的一些现代酒店点缀其间。丽晖谷的闻名还在于它是个免税区。

### 2. 小镇大力发展滑雪产业

冬天大雪封山为滑雪造就了良好的条件，丽晖谷自然而然成了自由式滑雪的发源地。目前，小镇还发展成了世界高山滑雪锦标赛的比赛场地。位于阿尔卑斯山上的拉达米罗滑雪场是最受滑雪爱好者喜爱的滑雪场。同时，丽晖谷也是户外运动天堂，除了各种滑雪运动外，旅游的人们还可以选择越野自行车和湖边垂钓。

### 3. 小镇购物消费高端、 便利

小镇街道上散布着大约250家免税店。世界上各大品牌云集，有欧洲绝大多数的名牌时装、化妆品、户外用品等，还有意大利本国一些名牌等。丽晖谷与瑞士、奥地利近在咫尺，也使其成为附近国家和地区人们最青睐的购物地。

同时，小镇具有丰富的美食文化。本地区食物主要以荞麦粉和传统的农业产品为主，如黄油、牛奶、香肠以及高山葡萄酒，美食营养丰富、口味独特。

### 4. 小镇的发展经验

（1）小镇具有独特的自然风光。它位于阿尔卑斯山中段，在欧洲两个最大的自然公园之间，是一条长而宽的峡谷，与大自然融为一体。

（2）小镇体育文化集聚。丽晖谷的自然环境能够进行各种冬季滑雪运动，这使得丽晖谷成为独具特色的冬季体育文化集聚地。

（3）小镇建设了众多人文旅游景点。丽晖谷有着许多迷人的景点，如建筑风格独特的天主教堂、村庄、牧场，以及各种野生物等，这些景点成为体育文化产业的衍生配套项目。总之，小镇把自然、人文的关系处理得恰到好处，成为著名的旅游胜地。

## 案例四　法国普罗旺斯系列小镇

### 1. 小镇自然环境优美

普罗旺斯系列小镇位于法国南部，从地中海沿岸延伸到内陆的丘陵地区，中间有大河流过。整个普罗旺斯天气地势极富变化、风情万千，小镇天气阴晴不定，时而暖风和煦，时而冷风狂野；地势跌宕起伏，既有广阔的平原，又有险峻的山峰。

### 2. 小镇人文景观资源丰富

小镇还有丰富的人文景观。有温文尔雅的大学名城艾克斯、教皇之城亚维农，还有一些逃过世纪变迁的中世纪小村落和古老的山镇。普罗旺斯将古今风尚、自然人文完美地融合在一起。

莱斯德克斯、格底斯等小镇坐落在普罗旺斯中北部险峻的山区。中世纪时代封建领主的纷争使整个法国南部陷入战乱之中。为了安全，这一带山村建筑结构紧密，修建在陡峭的悬崖边上。

艾克斯市是画家塞尚的故乡，自中世纪起就是一座大学城，也是著名的"泉城"。这里曾经是普罗旺斯的古都。直到今天，这里仍以古罗马遗迹、中世纪文化、哥特式建筑和文艺复兴风格建筑而著称。同时，这里还以独特的烹饪、玫瑰红葡萄酒，以及特别的语言——普罗旺斯方言闻名。

古老小城阿尔，这里以明亮的地中海阳光和时尚的艺术风格闻名。大画家梵高曾在这里创作、生活过。这里的街道、建筑充满了浓厚的艺术气息。古罗马的建筑、艺术作品以及现代文明社会的人，在这里相互交融，和谐共处。同时，每年7月，小镇还会举办时髦的国际摄影节，在古老的小镇展览当今潮流的大摄影师和风流人物的作品。

**3. 小镇的发展经验**

（1）在自然风光基础上提升游客的情感体验。普罗旺斯发展文化产业的基础是两大休闲农业，即薰衣草和葡萄酒产业。这两种产业为普罗旺斯的休闲农业时尚化提供了基础条件。闲适的主题、中世纪骑士的爱情故事，使普罗旺斯的文化旅游产业上升到了一种浪漫情怀的高度，满足了游客对于自然风光之外的高层次情感需求。

（2）借助艺术家等名人效应，发展衍生文化产业。普罗旺斯的自然风光以及薰衣草、葡萄酒两大休闲产业吸引了大量的艺术家到此采风、创作。艺术家的到访也使得该地名气提高，从而把普罗旺斯的文化产业推向顶峰。塞尚、梵高等大画家纷纷到此采风，美国作家菲滋杰罗、英国作家劳伦斯、德国诗人尼采等也曾经到此寻找创作的灵感。名人的效应加速了普罗旺斯农业艺术化、艺术产业化。普罗旺斯以休闲农业为基础，结合高科技手段，大力发展文化创意产业，形成极具规模的文化产业集群。

# 二、 国内特色小镇发展案例

## 案例一 杭州云栖小镇

### 1. 小镇产业特色明显

杭州云栖小镇是一个集云计算、大数据和人工智能产业于一体的科技小镇，是国内富有科技人文特色的首个云计算产业生态小镇，全国互联网经济第一镇，创业创新第一镇，是浙江省特色小镇的发源地。2016 年底，小镇已累计引进各类企业 481 家，其中涉云企业 362 家，实现涉云产值超过 80 亿元，财政收入 3.36 亿元，同比增长 58%。

**2. 小镇的发展模式**

（1）"产业+小镇"模式。该模式是目前中国特色小镇发展的主流模式，即政府主导，名企引领，创业者汇聚的云栖发展模式。政府机构主导建设适合产业发展的硬件设施，积极开展招商引资工作，吸引大批云计算、大数据、游戏和智能硬件领域的企业和团队汇聚云栖，如阿里云，富士康科技、航空工业、洛可可设计集团等，成为国内外科技高新产业聚集地。

（2）"互联网+航空航天"模式。小镇与中航工业保持着紧密的战略合作，引进中航联创平台，建立电视设计服务基地。小镇充分挖掘旅客需求，集合小镇内外资源打造"一站式"产品，用大数据识别、引导客户的需求，从而为客户提供精准的服务。

（3）"产业+创业"和"产业+孵化生态体系"。创业孵化模式是小镇探索的转型创新发展模式，小镇坚持创新引领发展，积极搭建创新创业服务平台，为创业者创造良好的发展环境。据了解，小镇鼓励企业落户发展，为创新人才提供落户服务，为创业者实行房屋租金优惠、网络基础设施与生活保障服务。同时，小镇对优秀的项目、人才等给予资金扶持。对引进的人才项目最高给予 1000 万元的资助，对规模性和成长型企业实行资金扶持等政策。除此之外，杭州市西湖区政府关于创新创业的"黄金 20 条"，引进海内外人才的"325"计划等，以及优厚的创新创业条件助力小镇发展。

云栖小镇不断完善创新创业的生活配套服务，完善创新创业者衣食住行，以及游、购、娱、教育、医疗等配套体系。为创新创业人才积极营造浓郁的创新创业氛围。

### 3. 小镇的发展成果

云栖小镇建设、发展的国家信息中心智慧产业园是进行大数据应用产业布局、产业孵化、基金募集、方案汇集和推广的总部基地，大数据、云计算、物联网等各种前沿的电子信息技术在此地充分应用。

云栖小镇的科技产品被充分运用到智慧医疗、智慧出行和信用图书馆等领域。云栖小镇的智能终端技术，被运用到手机、互联网、汽车、电视、智能家居和智能穿戴设备等新兴科技产品上，小镇成为智能驾驶在全国的唯一试点项目地。同时，小镇正在启用的杭州城市数据大脑运营中心，打开了智慧城市建设的先河。

## 案例二　万宁和乐镇

### 1. 小镇龙舟文化底蕴深厚

龙舟在海南万宁传承发展的历史十分悠久，是一项深受万宁市群众喜爱的传统体育运动，有坚实的群众基础。自宋朝开始，和乐小海周边地区就保留着每年端午节赛龙舟的传统。可以说，万宁有着非同一般的龙舟文化。

据县志记载，每年端午节，港北沿海的渔家儿女身着节日盛装组队赛龙舟，在广阔的海面上展开一场惊心动魄的斗志竞渡。港北赛龙舟自宋朝开始，至今已有千年的历史了。万宁和乐镇港北港作为中华龙舟大赛的首站，也是赛事中唯一一个在海上比赛的赛站。

### 2. 小镇自然环境条件优越

和乐镇海河网络密布，水域广阔，航道宽阔，水深适宜，拥有长达10千米的避风港湾。港北港是海南最大的内湖泄海，航道最长达到

1000 多米，水深 3~5 米，而且 3~6 月气候适宜，港北港内的风力不大，内海向外海的水流量比较缓慢，是一处难得的赛龙舟的天然良港。

### 3. 借助赛事打造龙舟小镇

每到中国农历二月二，来自全国各地的几十支龙舟队，在此地进行比赛竞渡。中华龙舟大赛经过三年培育，在竞技水平、竞赛组织、电视转播等方面日趋成熟，在成为龙舟第一品牌赛事的同时，也成为展示城市形象的绝佳载体，海南万宁作为首站和唯一的海上赛场，印上了独具特色的城市名片。

### 4. 龙舟文化带动相关产业发展

和乐镇是万宁第二大乡镇，2001 年，和乐镇被海南省列为全省 26 个小城镇建设示范乡镇之一。近年来，中华龙舟大赛、万宁海钓国际精英赛等顶级体育赛事在和乐镇港北港接连举办，"龙舟小镇""海钓胜地""特色渔港"的声誉远近驰名，小镇在万宁市委市政府的大力支持下，城镇基础设施建设不断完善，各项经济产业蓬勃发展，昔日小镇发生了巨大的改变，焕发出勃勃生机。

为进一步发挥文化品牌效应，借助龙舟赛事带动城镇化发展，自从 2013 年开始，市政府整合资源，投入超过 2.3 亿元对和乐镇港北墟及港北渔港进行全面改造，采取多种措施促进龙舟赛事文化与海产品加工业、旅游休闲业等融合发展，探索出了一条特色城镇化道路。在 2015 年 3 月 21 日举行的中华龙舟大赛首站比赛上，和乐镇也借此被中国龙舟协会授予了"中国龙舟小镇"的荣誉称号。

2015 年，笔直宽阔、长达 5 千米的和港大道顺利通车，不仅赋予万宁和乐镇港北港这个全国仅有的海上龙舟赛场新的内涵与魅力，也迎来和乐龙舟风情小镇建设新的机遇与活力，而且诠释了发展全域旅游新的探索与尝试。

港北港岸上房屋立面改造已初具规模。洁白的墙壁、尖尖的屋顶透露着海洋气息，清新自然，深蓝色的瓦片装饰在阳光下熠熠生辉，像极了龙的鳞片。海洋风格与龙舟元素的有机结合，彰显出了小镇的风情和内涵。

## 案例三　西湖艺创小镇

### 1. 小镇文化特色显著

西湖艺创小镇位于杭州西湖区转塘街道。依托中国美术学院，以艺术生活为主题，以"产城融合、产学一体、众创众享"为发展方向。小镇汇聚了多种艺术门类，包含绘画、雕塑、音乐、动漫、舞蹈、设计等，致力于推动艺术产业化，推动文化消费升级，构建一个集艺术设计、艺术展演、文化旅游、时尚引领、创新创业为一体的新型特色小镇。

### 2. 小镇建设模式

"艺术+"生态环境。小镇构建了良好的生态环境，将山体开放，打造两大山体艺术公园。同时，小镇结合已有城镇公园及绿化环境建设了七个主题性生态艺术公园，为小镇发展文化旅游产业奠定了基础。

众创空间遍布小镇。小镇营造了良好的创新创业环境，创造性空间遍布整个城镇，为每个艺术人才创新创业提供场地，在众创空间组织交流、座谈、培训等活动。

"现代+传统"的建筑风格。小镇的建筑既保留传统建筑文化，同时又将现代建筑的技术、风格等融入当中。

### 3. 舒适的人文旅居环境

艺创小镇以生态构建为手段打造良好的艺术生活系统，盘活创新资源。小镇充分利用绿化环境，以生态构建为手段，营造了绿色生活

家园。同时，小镇通过"生态公园、特色街道、慢性交通"三层空间
网络的叠加交织，并结合丰富多彩的艺术活动，形成"以公园构建家
园、以艺术引领生活"的艺术生活系统，打造良好的人文旅游场所。

### 4. 现有基础

小镇文化艺术产业氛围浓厚，区域内的国家大学科技园，是我国
目前唯一一家以创意为主题的科技园，园区内汇聚了大批艺术家、艺
术工作室，周围聚集了近百家美术培训学校，每年培训学生达 10 万人
次。区域内除了中国美术学院和浙江音乐学院两大高校外，还规划建
有浙江图书馆新馆、浙江省博物馆新馆、浙江非物质文化遗产馆和浙
江文学馆等文化机构，为区域内开展公共文化事业及发展文化产业奠
定了基础。

## 案例四　昌平区小汤山镇

### 1. 小镇基本情况介绍

小汤山镇位于北京正北，昌平新城东南，处在前门、故宫中轴线
的北延长线上。镇域内六环高速、京承高速、顺沙路、立汤路四条主
动脉与汤尚路、白马路等多条支脉纵横交错，交通便利，形成了成熟
完备的交通路网；有温榆河、孟祖河、葫芦河等 9 条河流穿境而过，
温榆河自西向东流经镇域南部边界；有国家级北方苗木基地、京承高
速绿化带、六环路绿化带、温榆河绿化带等林木资源，占地近 2 万亩，
平均林木覆盖率达 63%，自然环境优美。小汤山镇是北京市第一批试
点小城镇，先后被联合国开发计划署确定为中国可持续发展小城镇、
被建设部等六部委确定为国家级小城镇综合改革试点镇、被原国家环
境保护总局授予"全国环境优美镇"的荣誉称号，2005 年被中国矿业
联合会命名为"中国温泉之乡"；2006 年被建设部评为全国小城镇建

设示范镇；2009 年被北京市政府确定为全市 42 个重点发展小城镇之一；2016 年入选建设部第一批特色小镇。

### 2. 农业嘉年华融入文化基因

近年来，小汤山镇高度重视小城镇建设工作，不断完善规划，培育主导产业，促进经济健康发展。尤其是 2012 年昌平区代表北京市成功举办了第七届世界草莓大会后，小汤山特色小城镇建设迎来了前所未有的发展机遇。农业嘉年华的成功举办，凸显了农业融合化与国际化的发展理念，体现了"互联网+农业"的新兴发展模式。通过互联网、云计算、大数据等现代信息技术手段，将农业的各个环节整合到"一站式"服务平台上，形成精准化、定制化的全产业链体验模式，充分呈现了农业文化的底蕴内涵。

农业嘉年华的举办，推动了小汤山镇经济快速发展。实现全镇农村经济总收入年均增长 10.21%；农村居民人均纯收入年均增长 23%，农民收入增幅连续四年高于城镇居民。

### 3. 温泉资源助力小镇发展

小镇有着丰富的温泉资源，温泉行宫文化底蕴深厚，如今仍留存着乾隆御笔"九华分秀"和慈禧沐浴的浴池遗址，并且成功举办了小汤山温泉文化节。同时温泉文化与区域内的农业、文化创意产业有机融合，实现全域旅游，提高城镇化水平，打造具有小汤山特色的小城镇。

随着温泉文化节和农业嘉年华的举办，区域内旅游产业也逐渐发展起来，九华山庄、龙脉温泉、国家现代农业科技城昌平园、万德园、洼里乡居楼等旅游资源将全镇旅游形象稳步提升。

### 4. 农业休闲产业集群已形成

小镇的农业嘉年华活动推动现代农业快速发展，建设日光温室

3500 栋，树立了万德园、天翼等知名草莓品牌，建成了北京市最大的地热特菜配送中心，推动了小汤山及周边地区温泉会所、民俗旅游接待场所的发展，实现了温泉文化旅游与农产品采摘体验、节庆活动的优势互补。城市居民亲身走进嘉年华，体验现代农业的独特魅力。农业嘉年华活动带动周边草莓销售及乡村旅游收入 9.49 亿元，为推动经济发展、树立区域品牌、实现城乡一体化发展提供强大动力。

依托温泉文化节与农业嘉年华活动，小汤山镇旅游产业快速发展，已形成了"名胜古迹、文物博览、娱乐度假、休闲保健、观光农业、民俗旅游"六大旅游产品体系。

小汤山以农业嘉年华为契机，大力发展现代农业和观光休闲农业；以未来科技为龙头的高新技术为产业发展提供高端引领和科技支撑作用；以温泉文化为内涵发展以温泉会展、康疗养老等为主的第三产业，从而实现三个产业的高效融合发展，使得小汤山镇固定资产投资逐年上升。

# 附录2

# 特色小镇政策汇编

# 第一部分　国家政策

## 政策一　国务院关于深入推进新型城镇化建设的若干意见（国发〔2016〕8号）

各省、自治区、直辖市人民政府，国务院各部委、各直属机构：

新型城镇化是现代化的必由之路，是最大的内需潜力所在，是经济发展的重要动力，也是一项重要的民生工程。《国家新型城镇化规划（2014—2020年）》发布实施以来，各地区、各部门抓紧行动、改革探索，新型城镇化各项工作取得了积极进展，但仍然存在农业转移人口市民化进展缓慢、城镇化质量不高、对扩大内需的主动力作用没有得到充分发挥等问题。为总结推广各地区行之有效的经验，深入推进新型城镇化建设，现提出如下意见。

### 一、总体要求

全面贯彻党的十八大和十八届二中、三中、四中、五中全会以及中央经济工作会议、中央城镇化工作会议、中央城市工作会议、中央扶贫开发工作会议、中央农村工作会议精神，按照"五位一体"总体布局和"四个全面"战略布局，牢固树立创新、协调、绿色、开放、共享的发展理念，坚持走以人为本、四化同步、优化布局、生态文明、文化传承的中国特色新型城镇化道路，以人的城镇化为核心，以提高质量为关键，以体制机制改革为动力，紧紧围绕新型城镇化目标任务，加快推进户籍制度改革，提升城市综合承载能力，制定完善土地、财政、投融资等配套政策，充分释放新型城镇化蕴藏的巨大内需潜力，为经济持续健康发展提供持久强劲动力。

坚持点面结合、统筹推进。统筹规划、总体布局，促进大中小城市和小城镇协调发展，着力解决好"三个1亿人"城镇化问题，全面提高城镇化质量。充分发挥国家新型城镇化综合试点作用，及时总结提炼可复制经验，带动全国新型城镇化体制机制创新。

坚持纵横联动、协同推进。加强部门间政策制定和实施的协调配合，推动户籍、土地、财政、住房等相关政策和改革举措形成合力。加强部门与地方政策联动，推动地方加快出台一批配套政策，确保改革举措和政策落地生根。

坚持补齐短板、重点突破。加快实施"一融双新"工程，以促进农民工融入城镇为核心，以加快新生中小城市培育发展和新型城市建设为重点，瞄准短板，加快突破，优化政策组合，弥补供需缺口，促进新型城镇化健康有序发展。

**二、积极推进农业转移人口市民化**

（一）加快落实户籍制度改革政策。围绕加快提高户籍人口城镇化率，深化户籍制度改革，促进有能力在城镇稳定就业和生活的农业转移人口举家进城落户，并与城镇居民享有同等权利、履行同等义务。鼓励各地区进一步放宽落户条件，除极少数超大城市外，允许农业转移人口在就业地落户，优先解决农村学生升学和参军进入城镇的人口、在城镇就业居住5年以上和举家迁徙的农业转移人口以及新生代农民工落户问题，全面放开对高校毕业生、技术工人、职业院校毕业生、留学归国人员的落户限制，加快制定公开透明的落户标准和切实可行的落户目标。除超大城市和特大城市外，其他城市不得采取要求购买房屋、投资纳税、积分制等方式设置落户限制。加快调整完善超大城市和特大城市落户政策，根据城市综合承载能力和功能定位，区分主城区、郊区、新区等区域，分类制定落户政策；以具有合法稳定就业和合法稳定住所（含租赁）、参加城镇社会保险年限、连续居住年限等为主要指标，建立完善积分落户制度，重点解决符合条件的普通劳动者的落户问题。加快制定实施推动1亿非户籍人口在城市落户方案，强化地方政府主体责任，确保如期完成。

（二）全面实行居住证制度。推进居住证制度覆盖全部未落户城镇常住人口，保障居住证持有人在居住地享有义务教育、基本公共就业服务、基本公共卫生服务和计划生育服务、公共文化体育服务、法律援助和法律服务以及国家规定的其他基本公共服务；同时，在居住地享有按照国家有关规定办理出入境证件、换领补领居民身份证、机动车登记、申领机动车驾驶证、报名参加职业资格考试和申请授予职业资格以及其他便利。鼓励地方各级人民政府根据本地承载能力不断扩大对居住证持有人的公共服务范围并提高服务标准，缩小与户籍人口基本公共服务的差距。推动居住证持有人享有与当地户籍人口同等的住房保障权利，将符合条件的农业转移人口纳入当地住房保障范围。各城市要根据《居住证暂行条例》，加快制定实施具体管理办法，防止居住证与基本公共服务脱钩。

（三）推进城镇基本公共服务常住人口全覆盖。保障农民工随迁子女以流入地公办学校为主接受义务教育，以公办幼儿园和普惠性民办幼儿园为主接受学前教育。实施义务教育"两免一补"和生均公用经费基准定额资金随学生流动可携带政策，统筹人口流入地与流出地教师编制。组织实施农民工职业技能提升计划，每年培训2000万人次以上。允许在农村参加的养老保险和医疗保险规范接入城镇社保体系，加快建立基本医疗保险异地就医医疗费用结算制度。

（四）加快建立农业转移人口市民化激励机制。切实维护进城落户农民在农村的合法权益。实施财政转移支付同农业转移人口市民化挂钩政策，实施城镇建设用地增加规模与吸纳农业转移人口落户数量挂钩政策，中央预算内投资安排向吸纳农业转移人口落户数量较多的城镇倾斜。各省级人民政府要出台相应配套政策，加快推进农业转移人口市民化进程。

**三、全面提升城市功能**

（五）加快城镇棚户区、城中村和危房改造。围绕实现约1亿人居住的城镇棚户区、城中村和危房改造目标，实施棚户区改造行动计划和城镇旧房改造工程，推动棚户区改造与名城保护、城市更新相结合，加快推进城市棚户区和城中村改造，有序推进旧住宅小区综合整治、危旧住房和非成套住房（包括无上下水、北方地区无供热设施等的住房）改造，将棚户区改造政策支持范围扩大到全国重点镇。加强棚户区改造工程质量监督，严格实施质量责任终身追究制度。

（六）加快城市综合交通网络建设。优化街区路网结构，建设快速路、主次干路和支路级配合理的路网系统，提升城市道路网络密度，优先发展公共交通。大城市要统筹公共汽车、轻轨、地铁等协同发展，推进城市轨道交通系统和自行车等慢行交通系统建设，在有条件的地区规划建设市郊铁路，提高道路的通达性。畅通进出城市通道，加快换乘枢纽、停车场等设施建设，推进充电站、充电桩等新能源汽车充电设施建设，将其纳入城市旧城改造和新城建设规划同步实施。

（七）实施城市地下管网改造工程。统筹城市地上地下设施规划建设，加强城市地下基础设施建设和改造，合理布局电力、通信、广电、给排水、热力、燃气等地下管网，加快实施既有路面城市电网、通信网络架空线入地工程。推动城市新区、各类园区、成片开发区的新建道路同步建设地下综合管廊，老城区要结合地铁建设、河道治理、道路整治、旧城更新、棚户区改造等逐步推进地下综合管廊建设，鼓励社会资本投资运营地下综合管廊。加快城市易涝点改造，推进雨污分流管网改造与排水和防洪排涝设施建设。加强供水管网改造，降低供水管网漏损率。

（八）推进海绵城市建设。在城市新区、各类园区、成片开发区全面推进海绵城市建设。在老城区结合棚户区、危房改造和老旧小区有机更新，妥善解决城市防洪安全、雨水收集利用、黑臭水体治理等问题。加强海绵型建筑与小区、海绵型道路与广场、海绵型公园与绿地、绿色蓄排与净化利用设施等建设。加强自然水系保护与生态修复，切实保护良好水体和饮用水源。

（九）推动新型城市建设。坚持适用、经济、绿色、美观方针，提升规划水平，增强城市规划的科学性和权威性，促进"多规合一"，全面开展城市设计，加快建设绿色城市、智慧城市、人文城市等新型城市，全面提升城市内在品质。实施"宽带中国"战略和"互联网+"城市计划，加速光纤入户，促进宽带网络提速降费，发展智能交通、智能电网、智能水务、智能管网、智能园区。推动分布式太阳能、风能、生物质能、地热能多元化规模化应用和工业余热供暖，推进既有建筑供热计量和节能改造，对大型公共建筑和政府投资的各类建筑全面执行绿色建筑标准和认证，积极推广应用绿色新型建材、装配式建筑和钢结构建筑。加强垃圾处理设施建设，基本建立建筑垃圾、餐厨废弃物、园林废弃物等回收和再生利用体系，建设循环型城市。划定永久基本农田、生态保护红线和城市开发边界，实施城市生态廊道建设和生态系统修复工程。制定实施城市空气质量达标时间表，努力提高优良天数比例，大幅减少重污染天数。落实最严格水资源管理制度，推广节水新技术和新工艺，积极推进中水回用，全面建设节水型城市。促进国家级新区健康发展，推动符合条件的开发区向城市功能区转型，引导工业集聚区规范发展。

（十）提升城市公共服务水平。根据城镇常住人口增长趋势，加大财政对接收农民工随迁子女较多的城镇中小学校、幼儿园建设的投入力度，吸引企业和社会力量投资建学办学，增加中小学校和幼儿园学位供给。统筹新老城区公共服务资源均衡配置。加强医疗卫生机构、文化设施、体育健身场所设施、公园绿地等公共服务设施以及社区服务综合信息平台规划建设。优化社区生活设施布局，打造包括物流配送、便民超市、银行网点、零售药店、家庭服务中心等在内的便捷生活服务圈。建设以居家为基础、社区为依托、机构为补充的多层次养老服务体系，推动生活照料、康复护理、精神慰藉、紧急援助等服务全覆盖。加快推进住宅、公共建筑等的适老化改造。加强城镇公用设施使用安全管理，健全城市抗震、防洪、排涝、消防、应对地质灾害应急指挥体系，完善城市生命通道系统，加强城市防灾避难场所建设，增强抵御自然灾害、处置突发事件和危机管理能力。

**四、加快培育中小城市和特色小城镇**

（十一）提升县城和重点镇基础设施水平。加强县城和重点镇公共供水、道路交通、燃气供热、信息网络、分布式能源等市政设施和教育、医疗、文化等公共服务设施建设。推进城镇生活污水垃圾处理设施全覆盖和稳定运行，提高县城垃圾资源化、无害化处理能力，加快重点镇垃圾收集和转运设施建设，利用水泥窑协同处理生活垃圾及污泥。推进北方县城和重点镇集中供热全覆盖。加大对中西部地区发展潜力大、吸纳人口多的县城和重点镇的支持力度。

（十二）加快拓展特大镇功能。开展特大镇功能设置试点，以下放事权、扩大财权、改革人事权及强化用地指标保障等为重点，赋予镇区人口 10 万以上的特大镇部分县级管理权限，允许其按照相同人口规模城市市政设施标准进行建设发展。同步推进特大镇行政管理体制改革和设市模式创新改革试点，减少行政管理层级、推行大部门制，降低行政成本、提高行政效率。

（十三）加快特色镇发展。因地制宜、突出特色、创新机制，充分发挥市场主体作用，推动小城镇发展与疏解大城市中心城区功能相结合、与特色产业发展相结合、与服务"三农"相结合。发展具有特色优势的休闲旅游、商贸物流、信息产业、先进制造、民俗文化传承、科技教育等魅力小镇，带动农业现代化和农民就近城镇化。提升边境口岸城镇功能，在人员往来、加工物流、旅游等方面实行差别化政策，提高投资贸易便利化水平和人流物流便利化程度。

（十四）培育发展一批中小城市。完善设市标准和市辖区设置标准，规范审核审批程序，加快启动相关工作，将具备条件的县和特大镇有序设置为市。适当放宽中西部地区中小城市设置标准，加强产业和公共资源布局引导，适度增加中西部地区中小城市数量。

（十五）加快城市群建设。编制实施一批城市群发展规划，优化提升京津冀、长三角、珠三角三大城市群，推动形成东北地区、中原地区、长江中游、成渝地区、关中平原等城市群。推进城市群基础设施一体化建设，构建核心城市 1 小时通勤圈，完善城市群之间快速高效互联互通交通网络，建设以高速铁路、城际铁路、高速公路为骨干的城市群内部交通网络，统筹规划建设高速联通、服务便捷的信息网络，统筹推进重大能源基础设施和能源市场一体化建设，共同建设安全可靠的水利和供水系统。做好城镇发展规划与安全生产规划的统筹衔接。

**五、辐射带动新农村建设**

（十六）推动基础设施和公共服务向农村延伸。推动水电路等基础设施城乡联网。推进城乡配电网建设改造，加快信息进村入户，尽快实现行政村通硬化路、通班车、通邮、通快递，推动有条件地区燃气向农村覆盖。开展农村人居环境整治行动，加强农村垃圾和污水收集处理设施以及防洪排涝设施建设，强化河湖水系整治，加大对传统村落民居和历史文化名村名镇的保护力度，建设美丽宜居乡村。加快农村教育、医疗卫生、文化等事业发展，推进城乡基本公共服务均等化。深化农村社区建设试点。

（十七）带动农村一二三产业融合发展。以县级行政区为基础，以建制镇为支点，搭建多层次、宽领域、广覆盖的农村一二三产业融合发展服务平台，完善利益联结机制，促进农业产业链延伸，推进农业与旅游、教育、文化、健康养老等产业深度融合，大力发展农业新型业态。强化农民合作社和家庭农场基础作用，支持龙头企业引领示范，鼓励社会资本投入，培育多元化农业产业融合主体。推动返乡创业集聚发展。

（十八）带动农村电子商务发展。加快农村宽带网络和快递网络建设，加快农村电子商务发展和"快递下乡"。支持适应乡村特点的电子商务服务平台、商品集散平台和物流中心建设，鼓励电子商务第三方交易平台渠道下沉，带动农村特色产业发展，推进农产品进城、农业生产资料下乡。完善有利于中小网商发展的政策措施，在风险可控、商业可持续的前提下支持发展面向中小网商的融资贷款业务。

（十九）推进易地扶贫搬迁与新型城镇化结合。坚持尊重群众意愿，注重因地制宜，搞好科学规划，在县城、小城镇或工业园区附近建设移民集中安置区，推进转移就业贫困人口在城镇落户。坚持加大中央财政支持和多渠道筹集资金相结合，坚持搬迁和发展两手抓，妥善解决搬迁群众的居住、看病、上学等问题，统筹谋划安置区产业发展与群众就业创业，确保搬迁群众生活有改善、发展有前景。

### 六、完善土地利用机制

（二十）规范推进城乡建设用地增减挂钩。总结完善并推广有关经验模式，全面实行城镇建设用地增加与农村建设用地减少相挂钩的政策。高标准、高质量推进村庄整治，在规范管理、规范操作、规范运行的基础上，扩大城乡建设用地增减挂钩规模和范围。运用现代信息技术手段加强土地利用变更情况监测监管。

（二十一）建立城镇低效用地再开发激励机制。允许存量土地使用权人在不违反法律法规、符合相关规划的前提下，按照有关规定经批准后对土地进行再开发。完善城镇存量土地再开发过程中的供应方式，鼓励原土地使用权人自行改造，涉及原划拨土地使用权转让需补办出让手续的，经依法批准，可采取规定方式办理并按市场价缴纳土地出让价款。在国家、改造者、土地权利人之间合理分配"三旧"（旧城镇、旧厂房、旧村庄）改造的土地收益。

（二十二）因地制宜推进低丘缓坡地开发。在坚持最严格的耕地保护制度、确保生态安全、切实做好地质灾害防治的前提下，在资源环境承载力适宜地区开展低丘缓坡地开发试点。通过创新规划计划方式、开展整体整治、土地分批供应等政策措施，合理确定低丘缓坡地开发用途、规模、布局和项目用地准入门槛。

（二十三）完善土地经营权和宅基地使用权流转机制。加快推进农村土地确权登记颁证工作，鼓励地方建立健全农村产权流转市场体系，探索农户对土地承包权、宅基地使用权、集体收益分配权的自愿有偿退出机制，支持引导其依法自愿有偿转让上述权益，提高资源利用效率，防止闲置和浪费。深入推进农村土地征收、集体经营性建设用地入市、宅基地制度改革试点，稳步开展农村承包土地的经营权和农民住房财产权抵押贷款试点。

**七、创新投融资机制**

（二十四）深化政府和社会资本合作。进一步放宽准入条件，健全价格调整机制和政府补贴、监管机制，广泛吸引社会资本参与城市基础设施和市政公用设施建设和运营。根据经营性、准经营性和非经营性项目不同特点，采取更具针对性的政府和社会资本合作模式，加快城市基础设施和公共服务设施建设。

（二十五）加大政府投入力度。优化政府投资结构，安排专项资金重点支持农业转移人口市民化相关配套设施建设。编制公开透明的政府资产负债表，允许有条件的地区通过发行地方政府债券等多种方式拓宽城市建设融资渠道。省级政府举债使用方向要向新型城镇化倾斜。

（二十六）强化金融支持。专项建设基金要扩大支持新型城镇化建设的覆盖面，安排专门资金定向支持城市基础设施和公共服务设施建设、特色小城镇功能提升等。鼓励开发银行、农业发展银行创新信贷模式和产品，针对新型城镇化项目设计差别化融资模式与偿债机制。鼓励商业银行开发面向新型城镇化的金融服务和产品。鼓励公共基金、保险资金等参与具有稳定收益的城市基础设施项目建设和运营。鼓励地方利用财政资金和社会资金设立城镇化发展基金，鼓励地方整合政府投资平台设立城镇化投资平台。支持城市政府推行基础设施和租赁房资产证券化，提高城市基础设施项目直接融资比重。

**八、完善城镇住房制度**

（二十七）建立购租并举的城镇住房制度。以满足新市民的住房需求为主要出发点，建立购房与租房并举、市场配置与政府保障相结合的住房制度，健全以市场为主满足多层次需求、以政府为主提供基本保障的住房供应体系。对具备购房能力的常住人口，支持其购买商品住房。对不具备购房能力或没有购房意愿的常住人口，支持其通过住房租赁市场租房居住。对符合条件的低收入住房困难家庭，通过提供公共租赁住房或发放租赁补贴保障其基本住房需求。

（二十八）完善城镇住房保障体系。住房保障采取实物与租赁补贴相结合并逐步转向租赁补贴为主。加快推广租赁补贴制度，采取市场提供房源、政府发放补贴的方式，支持符合条件的农业转移人口通过住房租赁市场租房居住。归并实物住房保障种类。完善住房保障申请、审核、公示、轮候、复核制度，严格保障性住房分配和使用管理，健全退出机制，确保住房保障体系公平、公正和健康运行。

（二十九）加快发展专业化住房租赁市场。通过实施土地、规划、金融、税收等相关支持政策，培育专业化市场主体，引导企业投资购房用于租赁经营，支持房地产企业调整资产配置持有住房用于租赁经营，引导住房租赁企业和房地产开发企业经营新建租赁住房。支持专业企业、物业服务企业等通过租赁或购买社会闲置住房开展租赁经营，落实鼓励居民出租住房的税收优惠政策，激活存量住房租赁市场。鼓励商业银行开发适合住房租赁业务发展需要的信贷产品，在风险可控、商业可持续的原则下，对购买商品住房开展租赁业务的企业提供购房信贷支持。

（三十）健全房地产市场调控机制。调整完善差别化住房信贷政策，发展个人住房贷款保险业务，提高对农民工等中低收入群体的住房金融服务水平。完善住房用地供应制度，优化住房供应结构。加强商品房预售管理，推行商品房买卖合同在线签订和备案制度，完善商品房交易资金监管机制。进一步提高城镇棚户区改造以及其他房屋征收项目货币化安置比例。鼓励引导农民在中小城市就近购房。

**九、加快推进新型城镇化综合试点**

（三十一）深化试点内容。在建立农业转移人口市民化成本分担机制、建立多元化可持续城镇化投融资机制、改革完善农村宅基地制度、建立创新行政管理和降低行政成本的设市设区模式等方面加大探索力度，实现重点突破。鼓励试点地区有序建立进城落户农民农村土地承包权、宅基地使用权、集体收益分配权依法自愿有偿退出机制。有可能突破现行法规和政策的改革探索，在履行必要程序后，赋予试点地区相应权限。

（三十二）扩大试点范围。按照向中西部和东北地区倾斜、向中小城市和小城镇倾斜的原则，组织开展第二批国家新型城镇化综合试点。有关部门在组织开展城镇化相关领域的试点时，要向国家新型城镇化综合试点地区倾斜，以形成改革合力。

（三十三）加大支持力度。地方各级人民政府要营造宽松包容环境，支持试点地区发挥首创精神，推动顶层设计与基层探索良性互动、有机结合。国务院有关部门和省级人民政府要强化对试点地区的指导和支持，推动相关改革举措在试点地区先行先试，及时总结推广试点经验。各试点地区要制定实施年度推进计划，明确年度任务，建立健全试点绩效考核评价机制。

**十、健全新型城镇化工作推进机制**

（三十四）强化政策协调。国家发展改革委要依托推进新型城镇化工作部际联席会议制度，加强政策统筹协调，推动相关政策尽快出台实施，强化对地方新型城镇化工作的指导。各地区要进一步完善城镇化工作机制，各级发展改革部门要统筹推进本地区新型城镇化工作，其他部门要积极主动配合，共同推动新型城镇化取得更大成效。

（三十五）加强监督检查。有关部门要对各地区新型城镇化建设进展情况进行跟踪监测和监督检查，对相关配套政策实施效果进行跟踪分析和总结评估，确保政策举措落地生根。

（三十六）强化宣传引导。各地区、各部门要广泛宣传推进新型城镇化的新理念、新政策、新举措，及时报道典型经验和做法，强化示范效应，凝聚社会共识，为推进新型城镇化营造良好的社会环境和舆论氛围。

国务院
2016 年 2 月 2 日

## 政策二 住房和城乡建设部 国家发展改革委 财政部关于开展特色小镇培育工作的通知（建村〔2016〕147 号）

各省、自治区、直辖市住房和城乡建设厅（建委）、发展改革委、财政厅，北京市农委、上海市规划和国土资源管理局：

为贯彻党中央、国务院关于推进特色小镇、小城镇建设的精神，落实《国民经济和社会发展第十三个五年规划纲要》关于加快发展特色镇的要求，住房和城乡建设部、国家发展改革委、财政部（以下简称三部委）决定在全国范围开展特色小镇培育工作，现通知如下。

### 一、指导思想、原则和目标

（一）指导思想

全面贯彻党的十八大和十八届三中、四中、五中全会精神，牢固树立和贯彻落实创新、协调、绿色、开放、共享的发展理念，因地制宜、突出特色，充分发挥市场主体作用，创新建设理念，转变发展方式，通过培育特色鲜明、产业发展、绿色生态、美丽宜居的特色小镇，探索小镇建设健康发展之路，促进经济转型升级，推动新型城镇化和新农村建设。

（二）基本原则

——坚持突出特色。从当地经济社会发展实际出发，发展特色产业，传承传统文化，注重生态环境保护，完善市政基础设施和公共服务设施，防止千镇一面。依据特色资源优势和发展潜力，科学确定培育对象，防止一哄而上。

——坚持市场主导。尊重市场规律，充分发挥市场主体作用，政府重在搭建平台、提供服务，防止大包大揽。以产业发展为重点，依据产业发展确定建设规模，防止盲目造镇。

——坚持深化改革。加大体制机制改革力度，创新发展理念，创新发展模式，创新规划建设管理，创新社会服务管理。推动传统产业改造升级，培育壮大新兴产业，打造创业创新新平台，发展新经济。

（三）目标

到 2020 年，培育 1000 个左右各具特色、富有活力的休闲旅游、商贸物流、现代制造、教育科技、传统文化、美丽宜居等特色小镇，引领带动全国小城镇建设，不断提高建设水平和发展质量。

**二、培育要求**

（一）特色鲜明的产业形态

产业定位精准，特色鲜明，战略新兴产业、传统产业、现代农业等发展良好、前景可观。产业向做特、做精、做强发展，新兴产业成长快，传统产业改造升级效果明显，充分利用"互联网+"等新兴手段，推动产业链向研发、营销延伸。产业发展环境良好，产业、投资、人才、服务等要素集聚度较高。通过产业发展，小镇吸纳周边农村剩余劳动力就业的能力明显增强，带动农村发展效果明显。

（二）和谐宜居的美丽环境

空间布局与周边自然环境相协调，整体格局和风貌具有典型特征，路网合理，建设高度和密度适宜。居住区开放融合，提倡街坊式布局，住房舒适美观。建筑彰显传统文化和地域特色。公园绿地贴近生活、贴近工作。店铺布局有管控。镇区环境优美，干净整洁。土地利用集约节约，小镇建设与产业发展同步协调。美丽乡村建设成效突出。

（三）彰显特色的传统文化

传统文化得到充分挖掘、整理、记录，历史文化遗存得到良好保护和利用，非物质文化遗产活态传承。形成独特的文化标识，与产业融合发展。优秀传统文化在经济发展和社会管理中得到充分弘扬。公共文化传播方式方法丰富有效。居民思想道德和文化素质较高。

（四）便捷完善的设施服务

基础设施完善，自来水符合卫生标准，生活污水全面收集并达标排放，垃圾无害化处理，道路交通停车设施完善便捷，绿化覆盖率较高，防洪、排涝、消防等各类防灾设施符合标准。公共服务设施完善、服务质量较高，教育、医疗、文化、商业等服务覆盖农村地区。

（五）充满活力的体制机制

发展理念有创新，经济发展模式有创新。规划建设管理有创新，鼓励多规协调，建设规划与土地利用规划合一，社会管理服务有创新。省、市、县支持政策有创新。镇村融合发展有创新。体制机制建设促进小镇健康发展，激发内生动力。

**三、组织领导和支持政策**

三部委负责组织开展全国特色小镇培育工作，明确培育要求，制定政策措施，开展指导检查，公布特色小镇名单。省级住房和城乡建设、发展改革、财政部门负责组织开展本地区特色小镇培育工作，制定本地区指导意见和支持政策，开展监督检查，组织推荐。县级人民政府是培育特色小镇的责任主体，制定支持政策和保障措施，整合落实资金，完善体制机制，统筹项目安排并组织推进。镇人民政府负责做好实施工作。

国家发展改革委等有关部门支持符合条件的特色小镇建设项目申请专项建设基金，中央财政对工作开展较好的特色小镇给予适当奖励。

三部委依据各省小城镇建设和特色小镇培育工作情况，逐年确定各省推荐数量。省级住房和城乡建设、发展改革委、财政部门按推荐数量，于每年8月底前将达到培育要求的镇向三部委推荐。特色小镇原则上为建制镇（县城关镇除外），优先选择全国重点镇。

2016 年各省（区、市）特色小镇推荐数量及有关要求另行通知。

中华人民共和国住房和城乡建设部

中华人民共和国国家发展和改革委员会

中华人民共和国财政部

2016 年 7 月 1 日

## 政策三 国家发展改革委关于加快美丽特色小（城）镇建设的指导意见（发改规划〔2016〕2125号）

各省、自治区、直辖市、计划单列市发展改革委，新疆生产建设兵团发展改革委：

特色小（城）镇包括特色小镇、小城镇两种形态。特色小镇主要指聚焦特色产业和新兴产业，集聚发展要素，不同于行政建制镇和产业园区的创新创业平台。特色小城镇是指以传统行政区划为单元，特色产业鲜明、具有一定人口和经济规模的建制镇。特色小镇和小城镇相得益彰、互为支撑。发展美丽特色小（城）镇是推进供给侧结构性改革的重要平台，是深入推进新型城镇化的重要抓手，有利于推动经济转型升级和发展动能转换，有利于促进大中小城市和小城镇协调发展，有利于充分发挥城镇化对新农村建设的辐射带动作用。为深入贯彻落实习近平总书记、李克强总理等党中央、国务院领导同志关于特色小镇、小城镇建设的重要批示指示精神，现就加快美丽特色小（城）镇建设提出如下意见。

### 一、总体要求

全面贯彻党的十八大和十八届三中、四中、五中全会精神，深入学习贯彻习近平总书记系列重要讲话精神，牢固树立和贯彻落实创新、协调、绿色、开放、共享的发展理念，按照党中央、国务院的部署，深入推进供给侧结构性改革，以人为本、因地制宜、突出特色、创新机制，夯实城镇产业基础，完善城镇服务功能，优化城镇生态环境，提升城镇发展品质，建设美丽特色新型小（城）镇，有机对接美丽乡村建设，促进城乡发展一体化。

——坚持创新探索。创新美丽特色小（城）镇的思路、方法、机制，着力培育供给侧小镇经济，防止"新瓶装旧酒""穿新鞋走老路"，努力走出一条特色鲜明、产城融合、惠及群众的新型小城镇之路。

——坚持因地制宜。从各地实际出发，遵循客观规律，挖掘特色优势，体现区域差异性，提倡形态多样性，彰显小（城）镇独特魅力，防止照搬照抄、"东施效颦"、一哄而上。

——坚持产业建镇。根据区域要素禀赋和比较优势，挖掘本地最有基础、最具潜力、最能成长的特色产业，做精做强主导特色产业，打造具有持续竞争力和可持续发展特征的独特产业生态，防止千镇一面。

——坚持以人为本。围绕人的城镇化，统筹生产、生活、生态空间布局，完善城镇功能，补齐城镇基础设施、公共服务、生态环境短板，打造宜居宜业环境，提高人民群众获得感和幸福感，防止形象工程。

——坚持市场主导。按照政府引导、企业主体、市场化运作的要求，创新建设模式、管理方式和服务手段，提高多元化主体共同推动美丽特色小（城）镇发展的积极性。发挥好政府制定规划政策、提供公共服务等作用，防止大包大揽。

**二、分类施策，探索城镇发展新路径**

总结推广浙江等地特色小镇发展模式，立足产业"特而强"、功能"聚而合"、形态"小而美"、机制"新而活"，将创新性供给与个性化需求有效对接，打造创新创业发展平台和新型城镇化有效载体。

按照控制数量、提高质量、节约用地、体现特色的要求，推动小（城）镇发展与疏解大城市中心城区功能相结合、与特色产业发展相结合、与服务"三农"相结合。大城市周边的重点镇，要加强与城市发展的统筹规划与功能配套，逐步发展成为卫星城。具有特色资源、区位优势的小城镇，要通过规划引导、市场运作，培育成为休闲旅游、商贸物流、智能制造、科技教育、民俗文化传承的专业特色镇。远离中心城市的小城镇，要完善基础设施和公共服务，发展成为服务农村、带动周边的综合性小城镇。

统筹地域、功能、特色三大重点，以镇区常住人口 5 万以上的特大镇、镇区常住人口 3 万以上的专业特色镇为重点，兼顾多类型多形态的特色小镇，因地制宜建设美丽特色小（城）镇。

### 三、突出特色，打造产业发展新平台

产业是小城镇发展的生命力，特色是产业发展的竞争力。要立足资源禀赋、区位环境、历史文化、产业集聚等特色，加快发展特色优势主导产业，延伸产业链、提升价值链，促进产业跨界融合发展，在差异定位和领域细分中构建小镇大产业，扩大就业，集聚人口，实现特色产业立镇、强镇、富镇。

有条件的小城镇特别是中心城市和都市圈周边的小城镇，要积极吸引高端要素集聚，发展先进制造业和现代服务业。鼓励外出农民工回乡创业定居。强化校企合作、产研融合、产教融合，积极依托职业院校、成人教育学院、继续教育学院等院校建设就业技能培训基地，培育特色产业发展所需各类人才。

### 四、创业创新，培育经济发展新动能

创新是小城镇持续健康发展的根本动力。要发挥小城镇创业创新成本低、进入门槛低、各项束缚少、生态环境好的优势，打造大众创业、万众创新的有效平台和载体。鼓励特色小（城）镇发展面向大众、服务小微企业的低成本、便利化、开放式服务平台，构建富有活力的创业创新生态圈，集聚创业者、风投资本、孵化器等高端要素，促进产业链、创新链、人才链的耦合；依托互联网拓宽市场资源、社会需

求与创业创新对接通道，推进专业空间、网络平台和企业内部众创，推动新技术、新产业、新业态蓬勃发展。

营造吸引各类人才、激发企业家活力的创新环境，为初创期、中小微企业和创业者提供便利、完善的"双创"服务；鼓励企业家构筑创新平台、集聚创新资源；深化投资便利化、商事仲裁、负面清单管理等改革创新，打造有利于创新创业的营商环境，推动形成一批集聚高端要素、新兴产业和现代服务业特色鲜明、富有活力和竞争力的新型小城镇。

**五、完善功能，强化基础设施新支撑**

便捷完善的基础设施是小城镇集聚产业的基础条件。要按照适度超前、综合配套、集约利用的原则，加强小城镇道路、供水、供电、通信、污水垃圾处理、物流等基础设施建设。建设高速通畅、质优价廉、服务便捷的宽带网络基础设施和服务设施，以人为本推动信息惠民，加强小城镇信息基础设施建设，加速光纤入户进程，建设智慧小镇。加强步行和自行车等慢行交通设施建设，做好慢行交通系统与公共交通系统的衔接。

强化城镇与交通干线、交通枢纽城市的连接，提高公路技术等级和通行能力，改善交通条件，提升服务水平。推进大城市市域（郊）铁路发展，形成多层次轨道交通骨干网络，高效衔接大中小城市和小城镇，促进互联互通。鼓励综合开发，形成集交通、商业、休闲等为一体的开放式小城镇功能区。推进公共停车场建设。鼓励建设开放式住宅小区，提升微循环能力。鼓励有条件的小城镇开发利用地下空间，提高土地利用效率。

**六、提升质量，增加公共服务新供给**

完善的公共服务特别是较高质量的教育医疗资源供给是增强小城

镇人口集聚能力的重要因素。要推动公共服务从按行政等级配置向按常住人口规模配置转变，根据城镇常住人口增长趋势和空间分布，统筹布局建设学校、医疗卫生机构、文化体育场所等公共服务设施，大力提高教育卫生等公共服务的质量和水平，使群众在特色小（城）镇能够享受更有质量的教育、医疗等公共服务。要聚焦居民日常需求，提升社区服务功能，加快构建便捷"生活圈"、完善"服务圈"和繁荣"商业圈"。

镇区人口 10 万以上的特大镇要按同等城市标准配置教育和医疗资源，其他城镇要不断缩小与城市基本公共服务差距。实施医疗卫生服务能力提升计划，参照县级医院水平提高硬件设施和诊疗水平，鼓励在有条件的小城镇布局三级医院。大力提高教育质量，加快推进义务教育学校标准化建设，推动市县知名中小学和城镇中小学联合办学，扩大优质教育资源覆盖面。

**七、绿色引领，建设美丽宜居新城镇**

优美宜居的生态环境是人民群众对城镇生活的新期待。要牢固树立"绿水青山就是金山银山"的发展理念，保护城镇特色景观资源，加强环境综合整治，构建生态网络。深入开展大气污染、水污染、土壤污染防治行动，溯源倒逼、系统治理，带动城镇生态环境质量全面改善。有机协调城镇内外绿地、河湖、林地、耕地，推动生态保护与旅游发展互促共融、新型城镇化与旅游业有机结合，打造宜居宜业宜游的优美环境。鼓励有条件的小城镇按照不低于 3A 级景区的标准规划建设特色旅游景区，将美丽资源转化为"美丽经济"。

加强历史文化名城名镇名村、历史文化街区、民族风情小镇等的保护，保护独特风貌，挖掘文化内涵，彰显乡愁特色，建设有历史记忆、文化脉络、地域风貌、民族特点的美丽小（城）镇。

### 八、主体多元，打造共建共享新模式

创新社会治理模式是建设美丽特色小（城）镇的重要内容。要统筹政府、社会、市民三大主体积极性，推动政府、社会、市民同心同向行动。充分发挥社会力量作用，最大限度激发市场主体活力和企业家创造力，鼓励企业、其他社会组织和市民积极参与城镇投资、建设、运营和管理，成为美丽特色小（城）镇建设的主力军。积极调动市民参与美丽特色小（城）镇建设热情，促进其致富增收，让发展成果惠及广大群众。逐步形成多方主体参与、良性互动的现代城镇治理模式。

政府主要负责提供美丽特色小（城）镇制度供给、设施配套、要素保障、生态环境保护、安全生产监管等管理和服务，营造更加公平、开放的市场环境，深化"放管服"改革，简化审批环节，减少行政干预。

### 九、城乡联动，拓展要素配置新通道

美丽特色小（城）镇是辐射带动新农村的重要载体。要统筹规划城乡基础设施网络，健全农村基础设施投入长效机制，促进水电路气信等基础设施城乡联网、生态环保设施城乡统一布局建设。推进城乡配电网建设改造，加快农村宽带网络和快递网络建设，以美丽特色小（城）镇为节点，推进农村电商发展和"快递下乡"。推动城镇公共服务向农村延伸，逐步实现城乡基本公共服务制度并轨、标准统一。

搭建农村一二三产业融合发展服务平台，推进农业与旅游、教育、文化、健康养老等产业深度融合，大力发展农业新型业态。依托优势资源，积极探索承接产业转移新模式，引导城镇资金、信息、人才、管理等要素向农村流动，推动城乡产业链双向延伸对接。促进城乡劳动力、土地、资本和创新要素高效配置。

### 十、创新机制，激发城镇发展新活力

释放美丽特色小（城）镇的内生动力关键要靠体制机制创新。要

全面放开小城镇落户限制，全面落实居住证制度，不断拓展公共服务范围。积极盘活存量土地，建立低效用地再开发激励机制。建立健全进城落户农民农村土地承包权、宅基地使用权、集体收益分配权自愿有偿流转和退出机制。创新特色小（城）镇建设投融资机制，大力推进政府和社会资本合作，鼓励利用财政资金撬动社会资金，共同发起设立美丽特色小（城）镇建设基金。研究设立国家新型城镇化建设基金，倾斜支持美丽特色小（城）镇开发建设。鼓励开发银行、农业发展银行、农业银行和其他金融机构加大金融支持力度。鼓励有条件的小城镇通过发行债券等多种方式拓宽融资渠道。

按照"小政府、大服务"模式，推行大部门制，降低行政成本，提高行政效率。深入推进强镇扩权，赋予镇区人口 10 万以上的特大镇县级管理职能和权限，强化事权、财权、人事权和用地指标等保障。推动具备条件的特大镇有序设市。

各级发展改革部门要把加快建设美丽特色小（城）镇作为落实新型城镇化战略部署和推进供给侧结构性改革的重要抓手，坚持用改革的思路、创新的举措发挥统筹协调作用，借鉴浙江等地采取创建制培育特色小镇的经验，整合各方面力量，加强分类指导，结合地方实际研究出台配套政策，努力打造一批新兴产业集聚、传统产业升级、体制机制灵活、人文气息浓厚、生态环境优美的美丽特色小（城）镇。国家发展改革委将加强统筹协调，加大项目、资金、政策等的支持力度，及时总结推广各地典型经验，推动美丽特色小（城）镇持续健康发展。

国家发展改革委

2016 年 10 月 8 日

# 第二部分　天津市政策

## 政策一　关于印发天津市加快特色小镇规划建设指导意见的通知

有农业的区人民政府，有关委、局，有关单位：

市发展改革委拟定的《天津市特色小镇规划建设指导意见》已经市人民政府同意，现印发给你们，请照此执行。

天津市特色小镇规划建设工作联席会议办公室

（天津市发展和改革委员会代章）

2016 年 10 月 20 日

在示范小城镇建设基础上，加快建设一批实力小镇、特色小镇、花园小镇，是市委、市人民政府结合供给侧改革，贯彻新的发展理念，从推动城乡统筹发展大局出发，实施的一项重要举措，有利于全面提升全市小城镇生产生活生态功能，增强小城镇核心竞争力和人口吸附能力，使我市小城镇更具实力、更具活力、更具特色，造福于民。为做好相关工作，特制定如下意见。

### 一、总体要求

（一）重要意义。多年来，我市以示范小城镇为龙头，推进农民居住社区、示范工业园区、农业设施园区发展，农村"三区"建设已经成为经济社会发展的新支撑；实施创新驱动战略，大项目、小巨人、楼宇经济、万企转型、众创空间以及建设创新型城市和产业创新中心等一系列创新举措，成为我市经济发展的新生动力。在示范小城镇基础上开展特色小镇建设，有利于实现人、地、钱、房各种资源要素的优化配置,在全市范围内共建共有共享;有利于盘活现有资产、资源、资金,开放现有政策环境;有利于科技创新引领产业转型升级,从传统动力向新生动力驱动转变;从而促进我市城乡各类资源合理流动均衡发展,缩小城乡差异,实现一体化发展。

(二)目标要求。力争到 2020 年,创建 10 个实力小镇,20 个市级特色小镇,上述 30 个小镇达到花园小镇建设标准,每个区因地制宜自主创建 2 到 3 个区级特色小镇。实力小镇以整建制街镇辖域范围进行考核,GDP 要超 200 亿元、全口径财政收入要超 40 亿元;特色小镇可以考虑以特色街区为考核单位,一个特色小镇可以有几个特色街区,规划面积一般控制在 3 平方千米左右,建设面积一般控制在 1 平方千米左右,固定资产投资完成 50 亿元以上(商品住宅和商业综合体除外),信息经济、金融、旅游和历史传统产业的特色小镇总投资额可放宽到不低于 30 亿元,特色产业投资占比不低于 70%,旅游特色小镇应参照结合国家 A 级旅游景区和全域旅游示范区标准有关内容进行建设;花园小镇要实行城镇全面精细化网格化管理,有条件的街镇要建立智慧共享平台,成为智慧小镇,以风景美、街区美、功能美、生态美、生活美、风尚美为建设内容,居住社区城市绿化覆盖率要达到 40% 以上,生活垃圾无害化处理率和污水处理率要达到 100%,主要道路绿化普及率要达到 100%。

(三)产业定位。特色小镇产业,要结合我市建设创新型城市的产业发展方向,立足打造十大先进制造产业集群,围绕高端装备、航空航天、新一代信息技术、生物医药、新能源新材料等战略性新兴产业,以及我市特色文化产业和历史经典产业为导向,聚焦互联网智能制造、信息经济、生态农业、节能环保、民俗文化、电子商务、高端旅游、食品安全、健康养老等民生领域的优势产业、新兴产业,充分利用互联网+、大数据、云计算，重点培育一批产业特色鲜明、生态环境优美、人文气息浓厚、体制机制灵活、兼具旅游与社区功能的专业特色小镇。

（四）规划引领。实力小镇要以推进产业集聚、高端高质、市场连接、历史传承等方面为发展重点，经济实力要强、功能集成完善、示范效应明显，具有独特发展魅力；特色小镇要在现代产业、民俗文化、生态旅游、商业贸易、自主创新等多方面谋划发展，形成一镇一韵、一镇一品、一镇一特色；花园小镇要以城镇精细化、精致化、智能化管理为抓手，搭建智慧城镇共享平台，努力打造绿树环绕、花草覆盖、干净整洁、管理有序、清新亮丽的美丽小镇。

（五）运作方式。特色小镇建设要坚持政府引导、企业主体、市场运作、开放共享的原则，积极引入市场机制，突出企业主体地位，充分发挥市场在资源配置中的决定性作用，特别是在深入挖掘传统文化内涵、历史传承、生态环境保护、促进经济社会可持续发展等方面发挥重要作用；同时，政府要在建设规划编制、基础设施配套、资源要素保障、政策环境开放，调动社会一切积极因素，实现共建共有共享的目标上，提供服务保障。每个特色小镇要明确投资建设主体，由企业为主体推进项目建设。

**二、创建申报**

（一）组织申报。各区按照天津市特色小镇规划建设的总体要求，结合本地实际，提出本区域内拟培育的市级特色小镇名单，组织编制特色小镇创建方案和概念规划、环境规划，根据土地利用总体规划确定土地利用结构和布局，明确四至范围和产业定位、落实投资主体和投资项目、分解三年或五年建设计划。

（二）分批审核。各区人民政府选择有资质高水平的规划设计团队进行规划编制；市规划局初步审查各区特色小镇规划方案，择优选出市级特色镇创建对象后，报市特色小镇规划建设联席会议审定同意后予以公布；同时，由市特色小镇规划建设联席会议办公室会同相关区人民政府重点推荐市级特色小镇培育对象名单。

（三）培育建设。各区人民政府根据市级特色小镇的创建要求，组织相关建设主体按照创建方案和建设计划有序推进各项建设任务。市特色小镇规划建设联席会议办公室每季度对各地特色小镇规划建设情况进行通报，并定期组织现场会，交流培育建设经验。

（四）年度考核。市级特色小镇年度建设任务纳入市人民政府对各区年度目标考核体系。对未完成年度目标考核任务的特色小镇，实行退出机制，下一年度起不再享受市级特色小镇扶持政策。

（五）验收命名。市级特色小镇完成各项目标任务的，由市发展改革委组织相关部门进行评估验收，验收合格的报市人民政府同意后，可命名为天津市特色小镇。

**三、政策措施**

（一）土地政策。特色小镇规划建设要按照节约集约用地的原则，充分利用存量建设用地，确需新增建设用地的，由各区带项目申请办理农用地转用土地征收手续。凡属特色产业聚集程度高、辐射带动作用强，具有高端高质的行业龙头企业集群的项目，经认定，土地利用计划指标予以安排；对如期完成年度规划目标任务的，市里给予一定土地利用年度计划指标奖励。

（二）人才政策。对支持特色小镇建设的以成建制形式整体迁入我市的企业、研发机构，在办理首批人员调津过程中，凭相关资料，在保证调津人员中有 50%以上符合我市引才条件的前提下，对其余虽不具备我市引才要求的学历、职称条件，但原已在该单位工作、且迁入我市后单位仍然急需的管理、专业技术及技能型人才，可同时予以调入，配偶及 18 周岁以下子女可办理随迁手续。

（三）财政政策。设立市级特色小镇专项补助资金，一是对经市人民政府批准同意的特色小镇基础设施建设投入，从 2016 年起，按照一年期 6%贷款利率，对每个实力小镇基础设施贷款给予总额不超过 2000 万元的贴息扶持，对每个特色小镇基础设施贷款给予总额不超过 1000 万元的贴息扶持，其中：市、区两级财政各承担 50%；二是对验收达标的特色小镇，市级财政给予一次性奖励资金 500 万元，专项用于特色小镇发展建设。

（四）其他政策。列入市级特色小镇创建范围的基础设施建设项目，均可享受"两行一基金"贷款融资政策，列为市发展改革委申请国家专项建设基金范围。

市级有关部门和各区人民政府要积极研究制订具体政策措施，整合优化政策资源，给予特色小镇规划建设强有力的政策支持。大项目、小巨人、楼宇经济、众创空间、万企转型升级项目在特色小镇生根开花的，为实力小镇、特色小镇、花园小镇发挥重大作用的，各部门可优先考虑给予重点扶持奖励政策；市乡村公路、四清一绿政策安排向特色小镇集中倾斜。

四、组织保障

（一）统筹协调推动。借助天津市特色小镇规划建设工作联席会议制度，定期对工作中出现的重大事项和问题进行会商，统筹指导、综合协调、上下联动，全力推进特色小镇规划建设工作。

（二）推进责任落实。各区是特色小镇培育创建的责任主体，要建立实施推进工作机制，搞好规划建设，加强组织协调，确保各项工作按照时间节点和计划要求规范有序推进，不断取得实效。

（三）加强动态监测。各区要按季度向市特色小镇规划建设工作联席会议办公室报送纳入市重点培育名单的特色小镇创建工作进展和形象进度情况，市里在一定范围内进行通报。

## 政策二　关于印发天津市推动特色小镇规划建设工作机制的通知

有农业的区人民政府，有关委、局，有关单位：

为加快推动我市特色小镇规划建设工作，市特色小镇规划建设工作联席会议办公室（以下简称市特镇办）拟定了《天津市推动特色小镇规划建设工作机制》。现印发给你们，请照此执行。

天津市特色小镇规划建设工作联席会议办公室

（天津市发展和改革委员会代章）

2016 年 12 月 6 日

围绕中央和市委市政府关于加快培育特色小镇的工作要求，进一步强化组织保障，明确职责分工，完善各项工作机制，加快推动我市特色小镇规划建设各项工作。

### 一、强化组织领导机制

充分发挥全市特色小镇规划建设工作联席会议（以下简称联席会议）制度作用，树起同志为召集人，森阳同志为副召集人，市委宣传部、市发展改革委、市政府研究室、市农委、市建委、市科委、市商务委、市工业和信息化委、市财政局、市规划局、市国土房管局、市环保局、市中小企业局、市统计局、市金融局、市旅游局、市文化广播影视局为成员单位，统筹协调特色小镇重大问题、重大政策和关键环节。

联席会议下设办公室，办公室设在市发展改革委，负责落实联席会议各项决策部署，研究制定政策和工作方案，组织推动实施，督促考核进度，协调解决日常工作中的具体问题。办公室下设创建考核组、规划编制组、协调推动组和综合政策组 4 个工作小组。其中：创建考核组负责研究提出特色小镇的指导意见和创建考核办法,组织创建和考核工作;规划编制组负责编制特色小镇的规划设计导则,组织各区编制规划和报审工作;协调推动组负责特色小镇的协调推动,组织开展调研和召开推动工作会议;综合政策组负责对接国家大政方针,组织相关单位从部门角度出台特色小镇的支持政策,组织跟踪进度和信息宣传工作。

同时,各区政府参照市级框架完善组织架构,建立联席会议制度,抽调业务骨干负责日常工作。

**二、强化部门协同机制**

各部门要统一思想、高度重视,围绕全市特色小镇规划建设工作,研究制定本部门加快推动特色小镇支持政策。结合联席会议制度,明确责任领导,确定对口业务处室及具体工作人员,负责对接市特镇办,推动本部门负责的特色小镇培育工作。各部门要在联席会议领导组织下,在重大政策、重大规划、重大活动、重大决策、运行调度等方面加强沟通协调,合理配置资源,形成高效顺畅的协同推动机制。市特镇办做好对各区特色小镇规划建设工作的统筹指导,在规划方案编制、项目申报创建等方面做好衔接交流。

各区和相关街镇结合本区特色小镇发展目标和定位,积极发挥工作职能、创新工作手段,高水平编制特色小镇发展规划和实施方案,谋划确定特色小镇规划范围、创建点位、发展定位、功能布局和具体实施路径,不断推动空间格局优化,资源配置整合,储备特色小镇创建单位。

**三、强化联动保障机制**

(一)建立三级联动机制。各区和相关街镇政府明确创建主体以及相关人事安排,在市联席会议统一部署下开展工作,构建市、区、镇特色小镇培育工作三级联动机制。按照主要领导负总责、分管领导具体抓的要求，把主要精力放在推进特色小镇培育工作上来，制定具体的培育方案，明确每一个分项的主管单位，安排精干力量及时解决相关问题、狠抓进度、全力推动，确保完成工作任务。

（二）实施重大问题例会机制。市联席会议每季度召开1~2次联席会议，总结全市先进做法，推广经验，加强各区经验交流，在此基础上继续完善政策法规，加强对特色小镇的扶持力度。各区按照每月不少于一次召开特色小镇规划建设工作例会，研究制定和落实特色小镇各项政策举措，总结通报进展情况，协调解决项目推进过程中出现的问题。

（三）实施现场督办服务机制。各相关单位需靠前指挥、现场调度，加快特色小镇创建进度。市特镇办每季度组织市有关职能部门到各区进行1~2次现场推动服务，各区要每月至少召开不少于1次的现场推动会，听取各特色小镇推动进展情况和存在问题，研究扶持政策，帮助解决问题，重点将服务放在镇一级的创建主体上，做到"能今天解决的绝不拖到明天，能现场解决的决不带回办公室"。

**四、强化信息统计机制**

（一）完善信息报送流程。要充分认识信息工作的重要性，抓好信息统计工作的统筹协调，对有价值的重要工作、重要活动、重要成果、重要会议等均安排专人负责收集整理，深入挖掘信息价值。建立信息员制度，规范信息报送流程，明确信息报送职责，由一名主管领导负责报送信息的审核，信息员负责信息的收集、编辑和报送。努力提高信息报送质量，力求编撰的统计信息突出中心、抓住重点、关注热点、反映难点，确保内容的正确性、全面性，文字表达的准确性、精练性。

（二）加强台账综合管理。本着方便、实用和服务工作的原则，进一步细化台账建设的内容和要求，落实专人负责工作台账的搜集、整理、积累和建档，及时进行查漏补缺，不断完善、规范和科学。建立健全特色小镇建设、投资、税收、用地指标等各项数据统计台账，理清思路，提高效率，促进特色小镇培育工作管理水平。

（三）实施数据联动共享。逐步建立全市统一的特色小镇数据共享机制，通过数据平台等手段直接报送统计监测数据，在数据平台上对数据进行审核、验收，实现全市范围内数据共享，经验共享。

**五、强化学习交流机制**

（一）做到"请进来"，组织专家培训。不定期邀请全国各地专家教授来津传授先进地区经验做法，把外省用事实已经证明的好经验拿出来，结合我市实际，有创造性地加以应用。

（二）做到"走出去"，组织考察学习。赴浙江、江苏、山东等特色小镇搞得好的地区实地考察，学习先进经验。市特镇办争取每年组织 1~2 次的学习考察机会，各区也可根据实际工作需要自行组织前往学习。

（三）做到"串起来"，实现交叉式交流。特色小镇建设各参与方多加强沟通学习，实现互通有无，相互帮扶，经验共享。各职能部门经常实地考察，到基层学习实际经验；各特色小镇创建主体加强和职能部门的沟通，学习各领域专业知识。

**六、强化运行监测机制**

进一步强化特色小镇规划建设统计监测工作，落实统计监测数据上报主体，建立工作机制，加强统计力量。原则上，区特色小镇规划建设主管部门为统计监测工作责任单位，各相关部门做好配合。

坚持数出有据，应统尽统，全面反映特色小镇规划建设的工作进度和成效。认真做好原始记录、统计台账、日常报表建立等工作，从源头控制好数据质量。坚持科学统计，严格执行全市统计监测的方法制度，确保数据来源的科学性。坚持依法统计，不虚报、瞒报、迟报统计数据，为全市特色小镇规划建设工作的通报考核工作提供科学依据。

### 七、强化督查考核机制

建立健全督查考核机制，不断完善奖惩办法，将特色小镇培育成效与单位年度考核直接挂钩，以明确项目推进责任。市特镇办通过采取现场督导、定期通报、专项检查等形式进行督查，按照"半年一小考，一年一大考"对全市特色小镇进行考核。半年考核不列入奖惩机制，以发简报形式对按期完成任务目标的进行口头表扬，对未能按期完成任务目标的予以警示；年度考核列入奖惩机制，实行奖优罚劣，对未完成年度计划的分别实行警告、降级甚至退出的惩罚措施。各涉农区和相关街镇政府平时做好自查自评自纠，做到"一月一小评，一季一大评"，定期对照目标自查，是否完成阶段性目标，不断通过自查自评提升自我纠错能力，逐步完善特色小镇培育工作。

## 政策三　天津市"十三五"期间进一步加快推进新型城镇化发展实施意见（津发改城镇〔2017〕828 号）

为贯彻落实《国务院关于深入推进新型城镇化建设的若干意见》（国发〔2016〕8 号）工作要求，深入推进积极推进以人为核心的新型城镇化发展，我市 2016 年出台了《天津市新型城镇化"十三五"规划》并推动实施。通过全市上下共同努力，近年来我市城镇化水平不断提高，市域城镇体系空间格局日趋完善，基础设施建设加快推进、城市功能日益完善、城市管理水平不断提高，生态宜居城市的建设取得重要进展。一是城镇体系日趋完善。根据我市"双城双港、相向拓展、一轴两带、南北生态"的城市总体规划，逐步形成了中心城区和滨海新区两个功能完备的城市核心，外围各区发展势头总体较好，部分已具中等城市发展态势，小城镇发展迅猛，部分已初具规模。各街镇发展速度明显加快，逐渐成为功能健全、生态宜居的农村区域性经济文化中心。初步建立"主城、辅城、功能组团、小城镇、新农村"五级城镇体系，城镇体系日趋完善，形成大、中、小城市和小城镇协调发展的格局。二是城镇化水平显著提高。去年底，全市常住人口 1562 万人，城镇化率达到 82.93%，比 2014 年提高了 0.65 个百分点。在进入城镇化后期仍然能够保持较快的城镇化发展速度，显示出我市城镇化具有强大的驱动力，中心城区、滨海新区以及各区、小城镇成为吸纳农村转移劳动力的主体空间，呈现出典型的就地城镇化特征。截至 6 月底，通过积极推动居住证制度和积分落户制度，全市累计受理居住登记 322 万人，制发居住证 86 万张（其中 2016 年以来制发居住证 25.8 万张），共办理积分落户 6 期 3.8 万人，今年上半年（第 7 期）获得落户资格的 4887 名申请人的户口准迁证正在发放中。三是城镇综合承载能力明显提升。全市城镇发展质量明显提高、综合承载能力明显提升，城市交通、供水、排水、供电、供气、电信、环卫及防灾等基础设施不断完善，中心城区轨道交通、快速路网基本形成。健全地方政府举债融资机制，推广使用政府和社会资本合作（PPP）模式，鼓励社会资本进入城市供水供暖供气、保障性安居工程、医疗和养老等基础设施和公共服务领域，提升吸纳农业转移人口落户的综合承载能力。截至 6 月底，我市城镇公共供水普及率达到了 100%，城市污水处理率 92%，城镇生活垃圾无害化处理率达到 93%，城市绿化覆盖率达到 37.5%，人均公园绿地面积 10.59$m^2$ 人。四是城乡一体化建设效果显著。我市坚持城乡一体化发展战略，城乡居民收入持续增长，去年底居民人均可支配收入 34074 元。截至今年 6 月底，全市基本养老、医疗保险参保人数分别达到 788.7 万人、1071.9 万人。农村产业发展水平和综合实力显著提升，村庄基础设施和公共服务设施逐步完善，供水设施实现了全覆盖，村庄全部通了公路，公交覆盖率达到 100%，小学生全部实现了就近入学。新农村建设稳步开展，150 个美丽村庄建设前期工作全部完成，已开工 60 个村，324 个污水治理村已开工 126个村，完工 60 个村。

为进一步贯彻落实好《国务院关于深入推进新型城镇化建设的若干意见》（国发〔2016〕8 号），加快推进"十三五"期间全市新型城镇化发展，提升城镇化水平，结合我市实际，制定以下具体实施意见。

**一、总体要求**

（一）指导思想

全面贯彻党的十九大精神，深入学习贯彻习近平总书记系列重要讲话精神和对天津工作提出的"三个着力"重要要求，认真落实"四个全面"的战略布局，牢固树立创新、协调、绿色、开放、共享发展理念，积极促进供给侧结构性改革，适应经济发展新常态，以人的城镇化为核心、以提高质量为关键、以改革创新为动力，注重内涵和品质的提升，努力探索具有时代特征、富有天津特色的新型城镇化之路。

（二）基本原则

1. 坚持以人为本、公平共享。着力提高人口城镇化水平，有序推进农业转移人口市民化和常住人口基本公共服务均等化，逐步消除限制人口自由流动的制度障碍，不断提高城乡居民生活水平。

2. 坚持生态宜居、彰显特色。推动城镇内涵式发展，突出地域特色和文化特征，提倡形态多样性，不断探索符合实际、各具特色的城镇化发展模式，发展有历史记忆、文化脉络、地域风貌、民族特点的美丽城镇、特色城镇。

3. 坚持统筹城乡、产城融合。促进工业化、城镇化、农业化和信息化协同发展，一二三产业协调发展，城镇发展与产业支撑和就业转移相统一，实现工农互补、园城互动、产城融合、节约集约。推动基础设施向农村延伸、公共服务向农村覆盖、城市文明向农村辐射，实现城乡一体化发展。

4. 坚持改革统领、制度创新。深化重点领域和关键环节改革，创新城镇化发展的体制机制，充分发挥市场在资源配置中的决定性作用，实现资金、技术、人才、土地等各种要素高效配置。建立透明规范的城市建设投融资机制，形成政府引导、全社会参与、市场化运作的多元化投资和共享格局，推进城镇化健康有序发展。

（三）发展目标

通过统筹城乡发展，化解城乡二元结构，推动统筹联动建设，培育建设一批实力小镇、特色小镇、花园小镇。加快推进农业转移人口市民化、基本公共服务均等化，率先实现人口自愿合理流动的"以人为核心"的城镇化。到2020年常住人口城镇化率达到84%，城镇布局不断优化、城镇化质量和水平稳步提升，各项工作实现新突破，取得新成绩，迈上新台阶。

**二、重点任务**

（一）深化户籍制度改革。深入落实我市《关于进一步推进户籍制度改革的意见》，以居住证为载体，建立健全与居住年限等条件挂钩的基本公共服务提供机制，实现居住证持有人阶梯式享有基本医疗卫生、义务教育、就业扶持、住房保障、社会福利、社会救助、公共文化、计划生育等公共服务。逐步完善积分落户制度，优化积分项目和分值设置，重点赋予居住证持有人更多公共服务和办事便利，不断提高居住证含金量。解决来津时间长、就业能力强、可以适应城镇产业转型升级和市场竞争环境的人员落户，有效解决人口存量，合理引导人口增量。2020年，基本建立与全面建成高质量小康社会相适应，有效支撑社会管理和公共服务，依法保障公民权利，以人为本、科学高效、规范有序的新型户籍制度。

（二）全面放宽重点群体落户限制。全面放宽本市农业转移人口在城镇落户条件，引导在城镇地区有合法稳定住所和合法稳定就业的农业转移人口举家在城镇落户，促进户籍人口城镇化率稳步提高；全面落实普通高校录取学生户口来去自由的落户政策，本市普通高校新录取学生，可以根据本人意愿，将户口迁至学校所在地，毕业后可以根据本人意愿，将户口迁回原籍或其他合法稳定住所地。加大对急需技能型人才的引进力度，不断提高普通高校毕业生、职业院校毕业生和技术工人的城镇落户率。进一步放宽亲属投靠在津落户政策；加快解决无户口人员登记、返津落户等历史遗留户口问题。有序推进农业转移人口市民化。

（三）加快推动农业转移人口市民化的财政和土地政策。落实《国务院关于实施支持农业转移人口市民化若干财政政策的通知》（国发〔2016〕44号），加紧研究制定我市具体贯彻落实意见，确保政策扎实落地。建立市级财政转移支付规模、结构，根据农业转移人口市民化情况动态调整机制，加大市级财政对农业转移人口落户较多地区的资金奖励力度。全面落实城镇建设用地增加规模与吸纳农业转移人口落户数量挂钩政策，依据土地利用总体规划和上年度农业转移人口落户情况，改进土地利用计划指标分配方法。按照我市城镇建设用地增加规模与吸纳农业转移人口落户数量挂钩的实施意见，落实相关工作，保障农业转移人口在城镇落户的合理用地需求。

（四）推进城镇基本公共服务覆盖常住人口。加快建立农业转移人口及其他在城镇落户常住人口教育、就业、社保、养老、住房等方面的配套措施，以全市统一标准，统筹全域基本公共服务和社会保障水平。依据《天津市居住证持有人随迁子女在本市接受教育实施细则》落实居住证持有人随迁子女参加升学考试政策。有序扩大城镇义务教育学位供给，坚持"两为主"，落实"两纳入"，建立以居住证为主要依据的随迁子女入学办法，确保进城落户农民子女受教育与城镇居民同城同待遇。统一城乡义务教育学生"两免一补"政策，实现相关教育经费随学生流动可携带。巩固完善职工和居民基本医疗保险制度，加强基本医保、大病保险、医疗救助等各项制度有效对接，加快推进职工和居民基本医疗保险异地就医联网直接结算工作。全面启动全民参保计划，2017年基本完成登记任务。推动外地来津农民工较为集中的区域其所在区人民政府或者功能区管理机构多渠道筹集宿舍型等公共租赁住房，多渠道解决外地来津工作人员住房困难问题。将租赁补贴政策放宽到外地来津工作人员，通过由政府发放租赁补贴的方式，帮助外地来津工作人员解决住房困难的问题。

（五）提高农民工职业技能水平。积极促进农村劳动力转移就业，推动平等就业进程，大力开发加工制造、生态旅游、设施农业、社区服务等岗位，促进农村劳动力就地就近就业。继续实施百万技能人才培训福利计划，落实农民工职业技能培训补贴政策，强化企业在培训中的作用，提升培训质量，增强市场适应性，确保 2017 年有 4 万人取得职业资格证书。农民工通过职业技能培训并取得相应的职业资格证书，符合积分落户分值体系的确认居住证积分。年底前启动"求学圆梦行动"，建立农民工继续教育新模式。统筹社会资源，鼓励职业院校和职业技能公共实训基地在农村地区设立办学点，为农村劳动力培训创造便利条件。

（六）推进城市群一体化发展。不断完善城市群之间快速交通网络，建设以高速铁路、城际铁路和高速公路为骨干的城市群内交通网络，增强中心城市对周边辐射带动作用，把去库存和促进人口城镇化结合起来，提高中心城市和特大城市间基础设施的互联互通，提高中小城市教育、医疗等公共服务水平，增强对农业转移人口的吸引力。持续打造"1+16"承接平台，加快建设滨海中关村科技园、宝坻京津中关村科技城、未来科技城、国家大学创新园区等重点平台，有效承接北京疏解的科技研发、金融创新、教育培训等功能。对标北京城市副中心和雄安新区规划建设，认真落实津冀推进雄安新区建设发展战略合作协议，积极推进各项任务落实，主动服务雄安新区建设。

（七）加快培育新生中小城镇。加快培育创建特色小镇，在我市建制镇的基础上，充分利用各类产业园区、创意街区，以聚焦高端制造业、现代服务业、特色文化产业和历史经典产业为导向，加快培育创建一批产业特色鲜明、人文气息浓厚、生态环境优美、兼具旅游与社区功能的特色小镇。确保到 2020 年，创建 10 个市级"实力小镇"，20个市级"特色小镇"。推进特大镇扩权赋能。推动经济发达镇扩大经济社会管理权限，构建简约精干的组织框架，推进集中审批服务和综合行政执法，建立务实高效的用编用人制度，探索适应经济发达镇实际的财政管理模式，创新基层服务管理方式。推动公共服务从按行政等级配置向按常住人口规模配置转变，允许特大镇比照相同人口规模的城市市政设施、公共服务标准建设发展。深化新型城镇化综合试点。全面总结推广第一批蓟州区国家新型城镇化综合试点地区成功经验，推动第二批东丽区和西青区中北镇、第三批西青区张家窝镇、静海区大邱庄镇和团泊镇试点加快改革创新，确保顺利推进各项试点改革任务，发挥好试点的示范、牵引作用。

（八）加强城市基础设施建设。加快推动城镇水、电、路、气、热等工程建设，推动水电路基础设施城乡联网，提高基础设施配套水平。完善多式联运等技术标准，新建和改造一批综合客运枢纽和货运枢纽（物流园区）。全面推进"公交都市"建设专项行动，加快组织编制市域（郊）铁路规划为中心城区、滨海新区核心区以及周边辅城和组团间提供大运量、快速度、通勤化的轨道交通服务。完善城市综合管廊监控与报警等技术标准，落实地下综合管廊有偿使用制度。"按照统一规划、分步实施、统筹协调、突出重点"的原则，加快农村电网改造升级，满足新型城镇化和新农村建设对电力的需求。

（九）全面提升城镇综合承载功能。推进城乡一体化交通体系互联互通，构建以海空两港为核心、轨道交通为骨干、公路运输为主体、多种运输方式有效衔接的海陆空立体交通网络，打造京津冀 1 小时通勤圈。加强区域城镇快速通达，推动公路、常规公交等基础设施建设向小城镇延伸，改善居民交通出行环境，提升小城镇区域服务水平，带动人口和产业向新城和小城镇集聚。结合农村经济发展和新型城镇化，建设一批旅游路、资源路、产业路和新型村镇出口路，计划新改建乡村公路 3000 千米。加快棚户区改造。加大棚户区、城中村、旧住宅小区等的改造力度，继续因地制宜推进货币化安置，部署实施 2018 年到 2020 年三年棚改计划，加大财政、金融、用地等政策支持力度，改造各类棚户区 6.38 万套。

（十）切实提升城镇污染处理水平。推动全市各区加强污水厂配套管网建设，进一步提高污水收集水平，提高污水集中处理率。积极建设垃圾和污水处理设施。开展健康村庄示范建设，推进农村生活垃圾污水综合无害化，进一步完善各区、乡镇和村的垃圾处理设施，大力实施农村生活污水处理工程，构建健全完善的农村生活垃圾和污水收集、运输、处理体系，逐步推进小城镇及建制镇生活垃圾和污水集中处理设施全覆盖。到 2020 年，按照新的配置标准，村庄垃圾设施配套率达到 100%，垃圾密闭清运率达到 100%，生活垃圾无害化处理率达到 95%。加快农村卫生户厕改造步伐，农村卫生户厕普及率达到 100%，全市 3774 个村全部进行污水处理设施建设，实现规划保留 1870 个村污水处理设施覆盖率达到 100%，新建污水处理设施排放达到国家一级 A 标准。大力整治城市黑臭水体，年底前建成区基本消除黑臭水体，推进海绵城市建设。持续治理大气污染，实施《城市大气污染防治行动方案》，推进重点城镇"气代煤""电代煤"工程。

（十一）加快绿色城市建设。开展城市生态修复试点示范，加快建设城市生态园林。推动城镇新建民用建筑执行高星级绿色建筑标准，提高新建建筑能效，制定大力发展装配式建筑的实施方案。推动空气热能、太阳能、地热能供暖（制冷）在燃煤替代和城市建设中的应用。实施循环发展引领行动。按照造林绿化规划，加大城市绿化建设力度，实施大规模造林绿化。积极发展区域绿色建筑项目，开展以新型城镇化为核心的雨污水收集处理、再利用试点工作，在小城镇项目中试点进行低碳社区建设。加快建设海绵城市，推进海绵型建筑与小区、海绵型道路与广场、海绵型公园与绿地、绿色蓄排与净化利用设施等建设。加强建设资源综合利用，加快推进可再生能源在建筑中的应用，减少化石能源在建筑能耗中的比例。

（十二）加快推进美丽村镇建设。围绕风景美、街区美、功能美、生态美、生活美、风尚美"六美"建设内容，以已建成的小城镇和环境基础设施较完备的建制镇为重点，推进美丽小城镇创建工作，不断提升小城镇人居环境。坚持一村一规划，建成一批有特色、高品质的美丽村庄，打造新农村建设的新亮点。加大对传统村落民居和历史文化名村名镇的保护力度，传承好民族文化，在传统村落发展创意产业园、旅游度假村、专业养老院，盘活资源、提质增效，建设美丽宜居村镇。至 2020 年，建设美丽小城镇 40 个，每年建设别致多样、干净整洁、留住乡愁的美丽村庄 150 个，累计创建美丽村庄 1200 个以上。

（十三）不断提升产业支撑水平。以区级行政区为基础，以建制镇为支点，搭建多层次、宽领域、广覆盖的农村一二三产业融合发展服务平台，促进农业产业链延伸，推进农业与旅游、教育、文化、健康养老等产业深度融合。按照"突出优势、特色发展"的基本思路，涉农各区充分整合资源、集成优势，发展特色产业，重点推动先进制造、文化旅游、教育医疗、健康养老等特色产业，以及仓储物流、加工配送、交易结算等生产性服务业。推动示范工业园区转型升级和集约发展，建设一批具有较高专业化水平的特色产业集群。

（十四）激发农村资源资产要素活力。健全农村集体产权制度，明晰产权归属，稳妥有序、由点及面推进农村集体产权制度改革。进一步健全完善农村产权流转交易市场，促进农村各类产权依法流转。统筹推进农村土地征收、集体经营性建设用地入市、宅基地制度改革三项试点工作，探索农村集体组织以出租、合作等方式盘活利用空闲农房及宅基地。维护进城落户农民农村土地承包权、宅基地使用权、集体收益分配权等合法权益，鼓励引导其依法自愿有偿退出。鼓励农村集体经济组织整合集体土地等资源性资产和闲置农房等，发展民宿经济、兼业经营等新商业、新产业模式，积极探索盘活农村资产资源的方式方法。

（十五）健全城镇化投融资机制。大力推广政府和社会资本合作（PPP）模式，充分吸引社会资本参与新型城镇化建设，提升新型城镇化项目融资能力，改善公共产品和公共服务供给能力和效率。强化财政资金引导，鼓励地方推进资金有效整合，优化政府融资结构，防范地方政府债务风险。发挥好开发性、政策性和商业性金融对城镇化重点领域的支持作用。争取保险资金创新运用，支持我市基础设施和共用事业建设。

（十六）完善城镇化统计制度。执行全国统一的城镇化质量指标体系，城镇化统计口径、统计标准和统计制度方法，以及常住人口城镇化率和户籍人口城镇化率统计指标，准确快捷反映两个指标变动情况。结合我市实际，开展反映天津特点的城镇化质量监测。

**三、组织实施**

（一）加强组织领导。市发展改革委牵头做好各项工作，强化统筹协调，加强督导检查，全面推进新型城镇化建设。推进新型城镇化工作部际联席会议成员单位我市对口部门，要高度重视新型城镇化建设各项工作，统一思想、提高认识，将新型城镇化工作纳入重要议事日程，切实做好各项工作。

（二）加强工作落实。各部门要认真履行职责，突出改革创新、狠抓政策落地，充分发挥主动性、积极性、创造性，精心部署，周密安排。对照责任分工，抓紧制定涉及本部门重点任务的推动措施。建立工作台账，按照时间节点和工作目标，确保落实好各项行动要点，定期报送工作进展情况，务求工作取得实效。

（三）完善新型城镇化监测和管理。进一步完善新型城镇化质量监测指标体系，定期开展调查，收集相关城镇化发展数据，进行综合评价分析，定期发布年度监测报告，全面客观地分析和评价我市新型城镇化建设进展中的优势和不足。不断调整优化评价指标体系，加强城镇化监测指标与规划，与各年度计划的有机衔接，确保目标实现，促进经济和社会全面协调可持续发展。